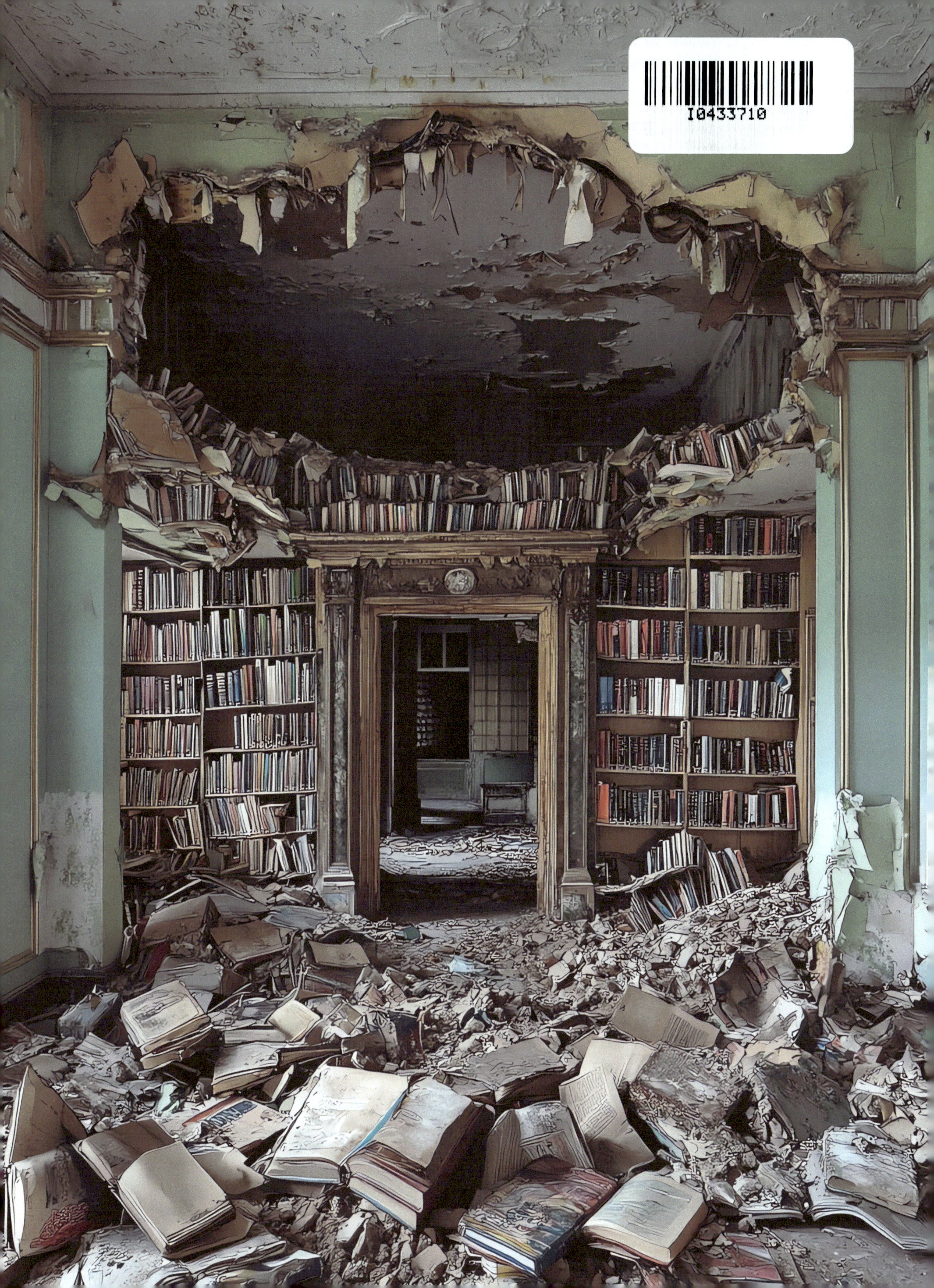

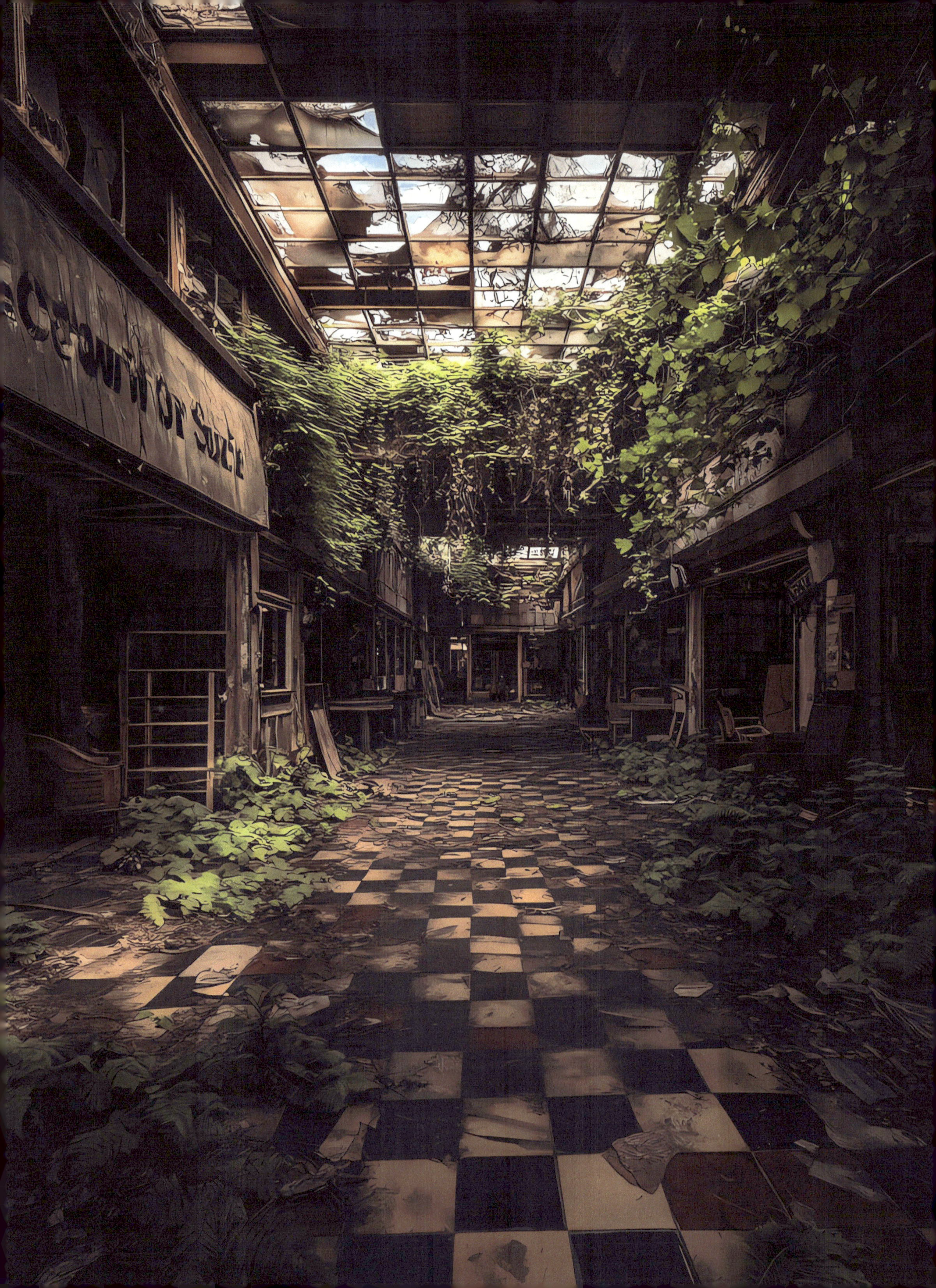

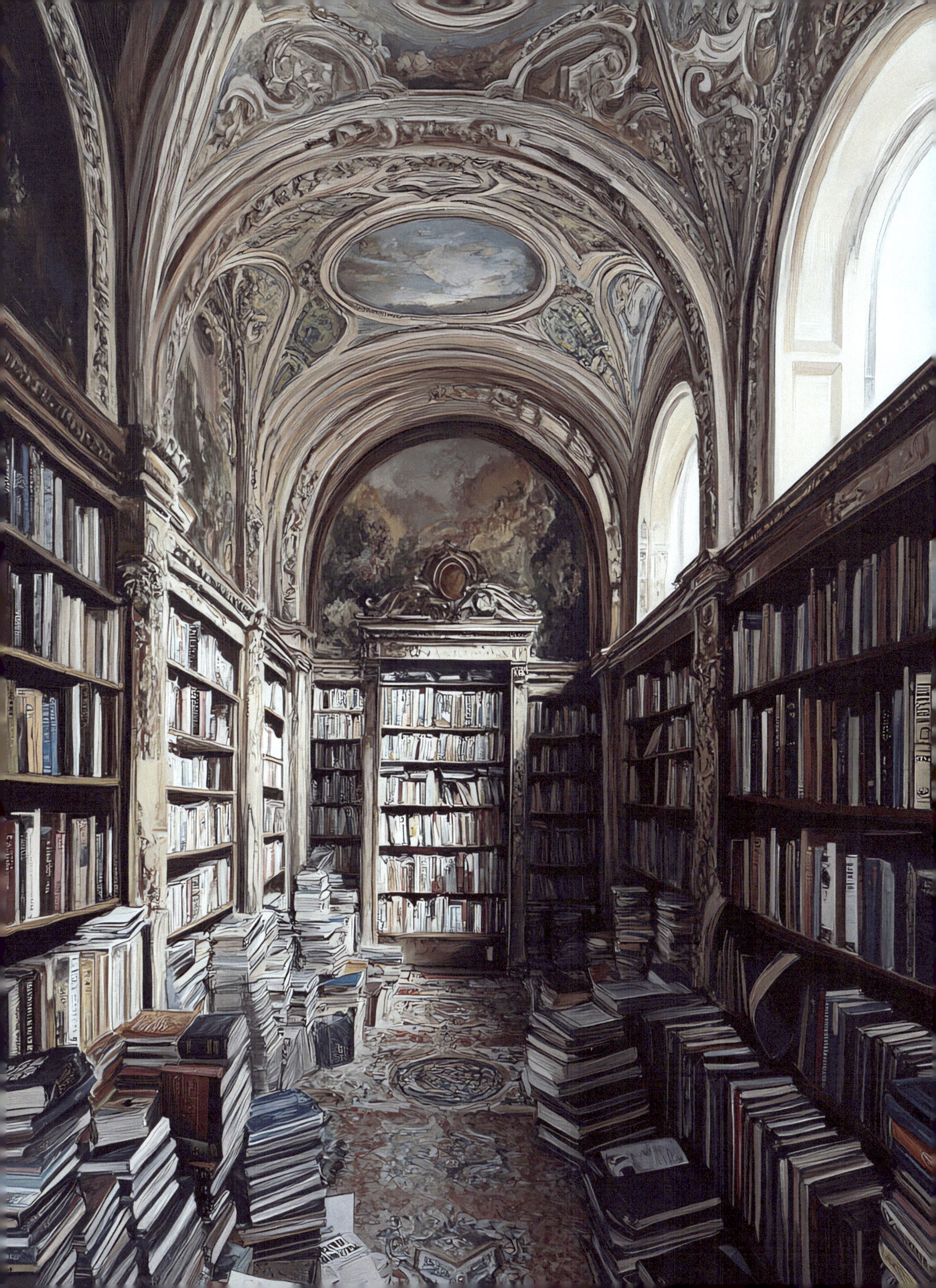

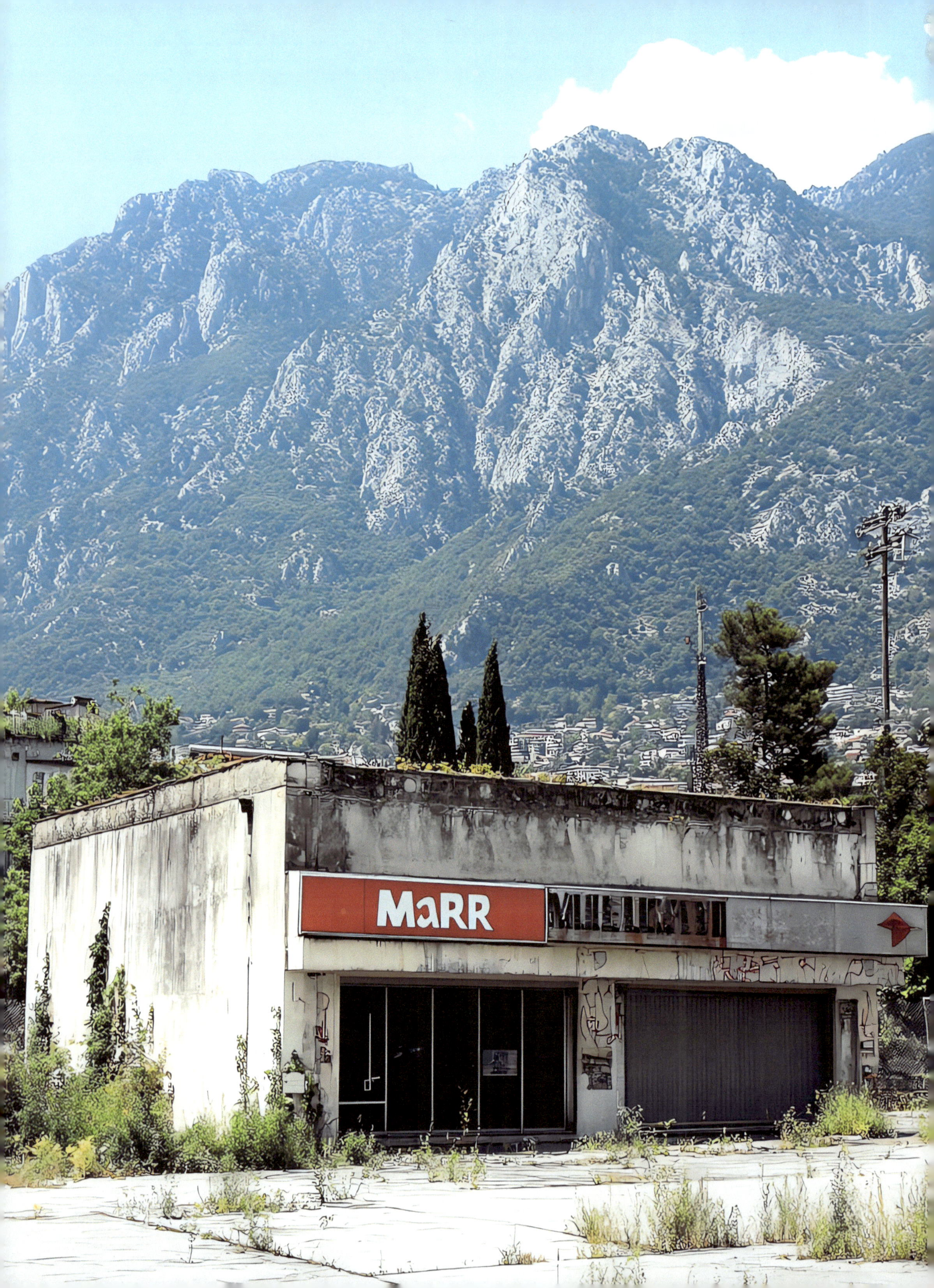
MaRR

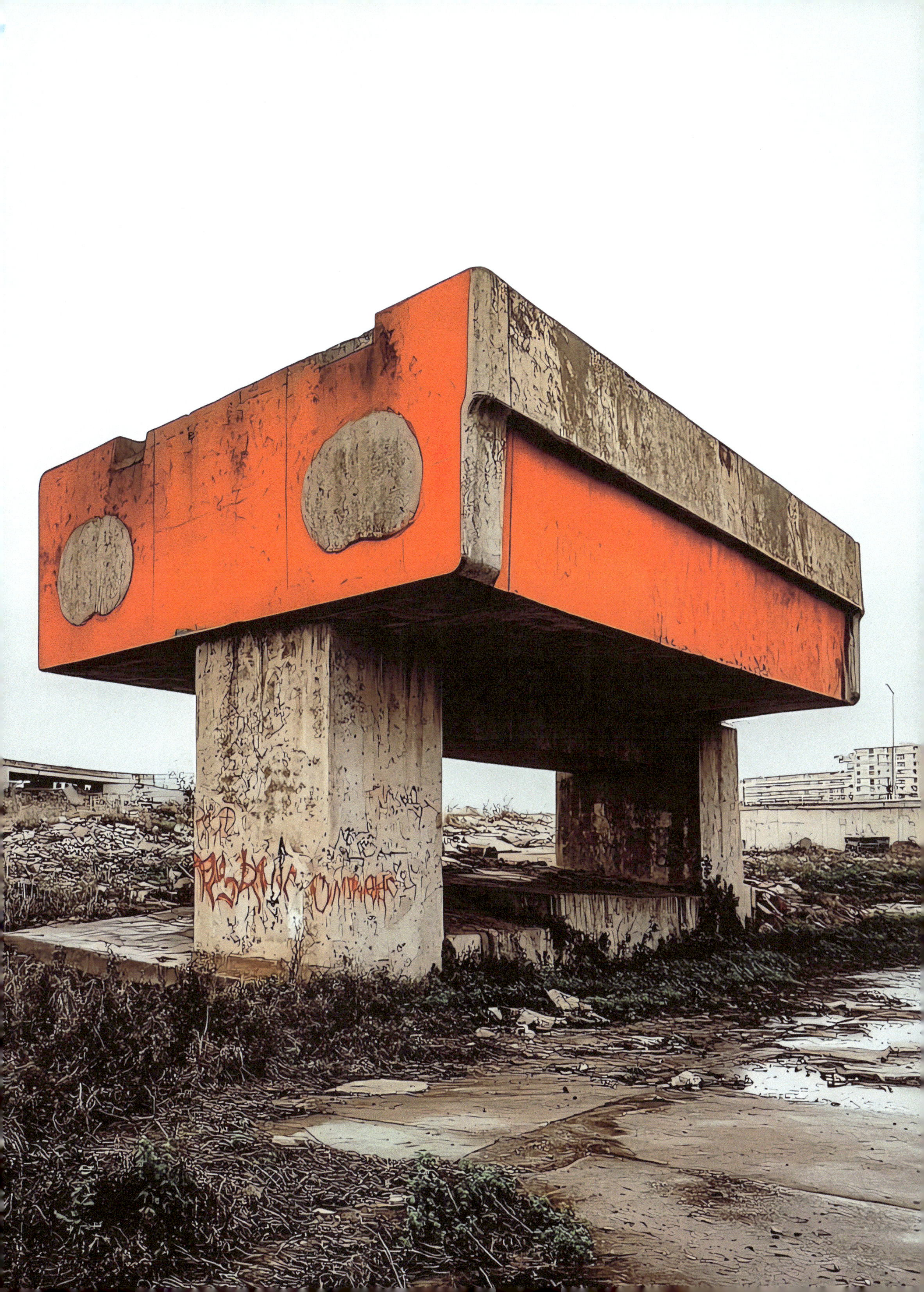

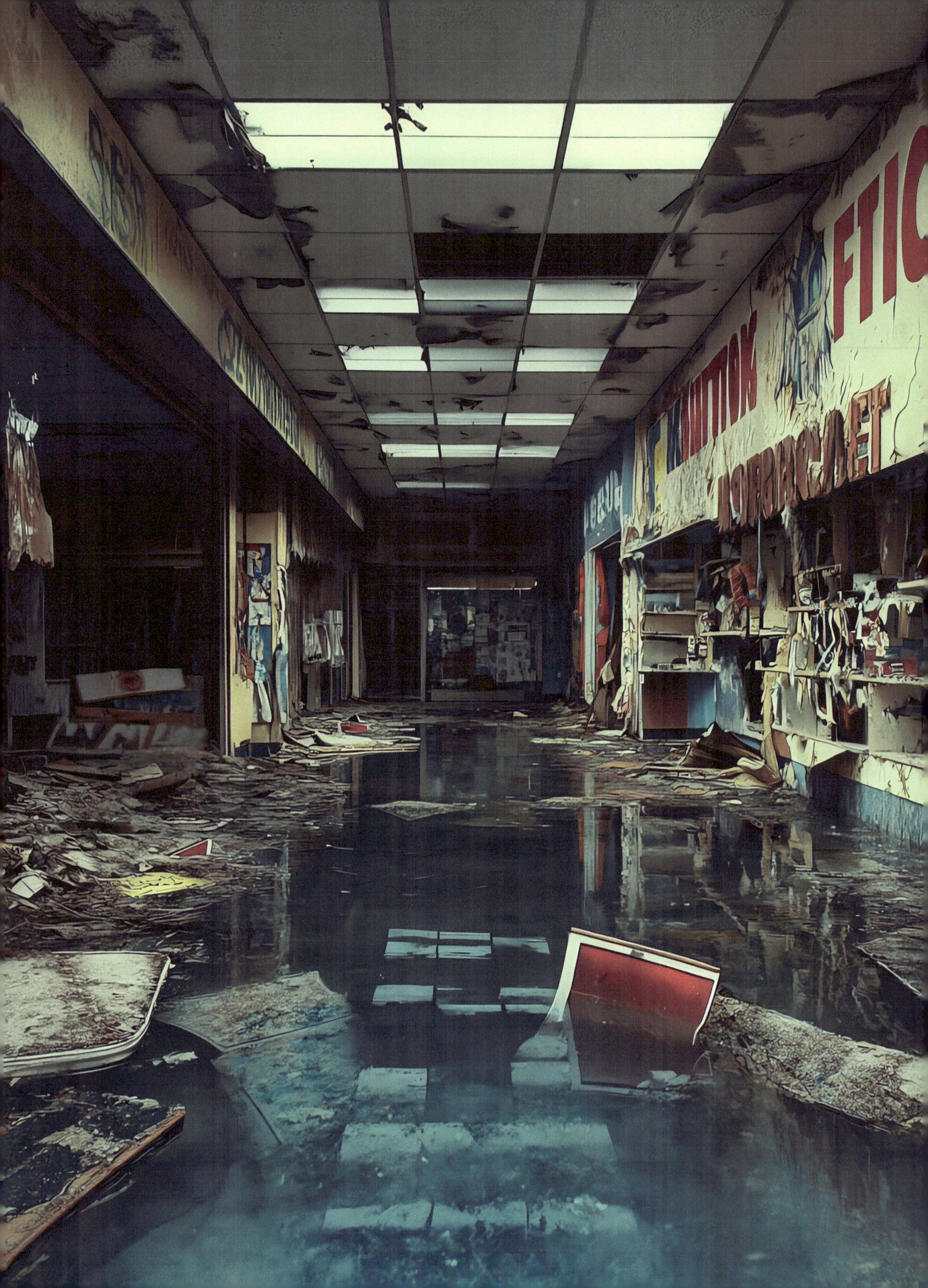

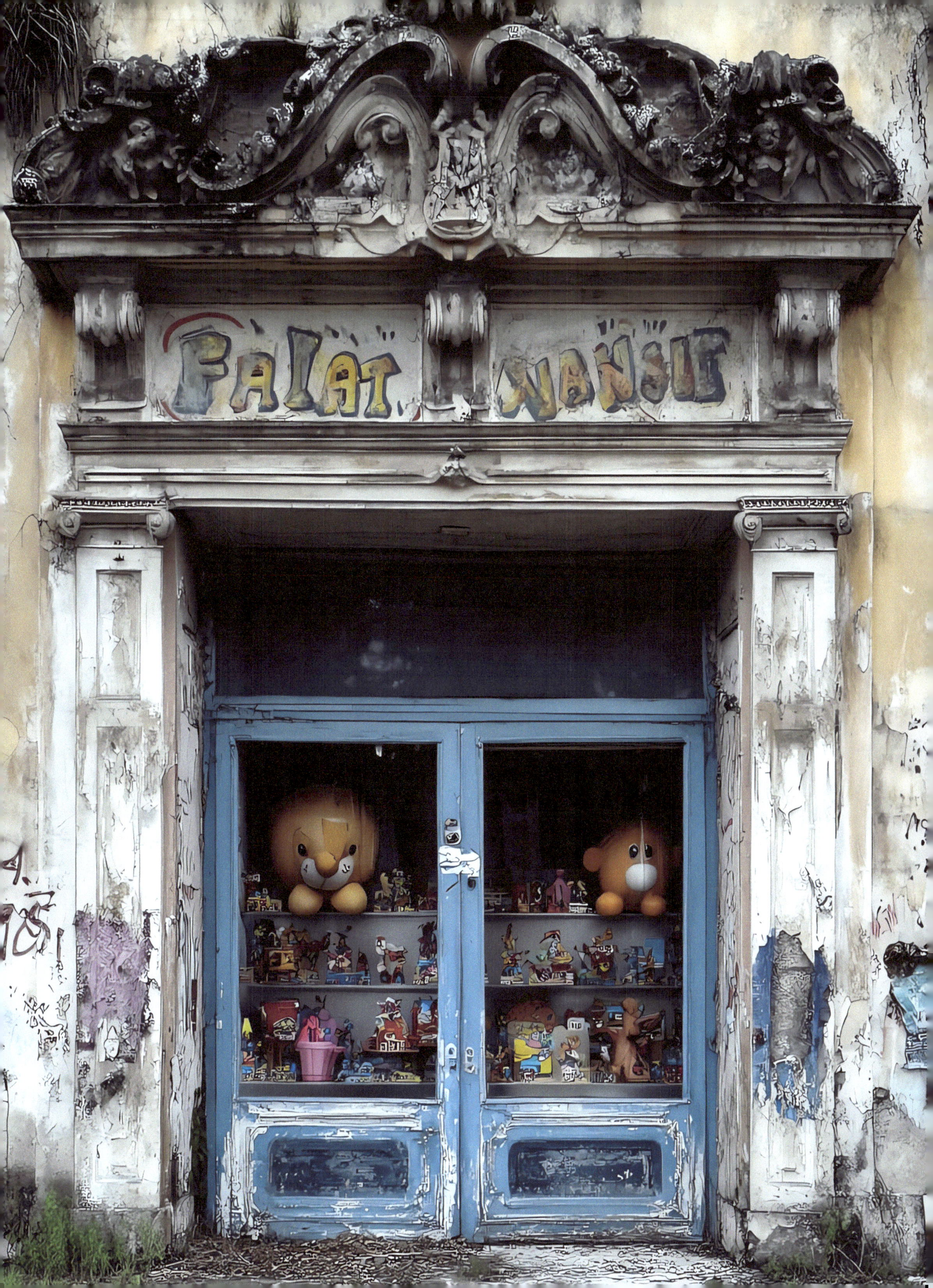

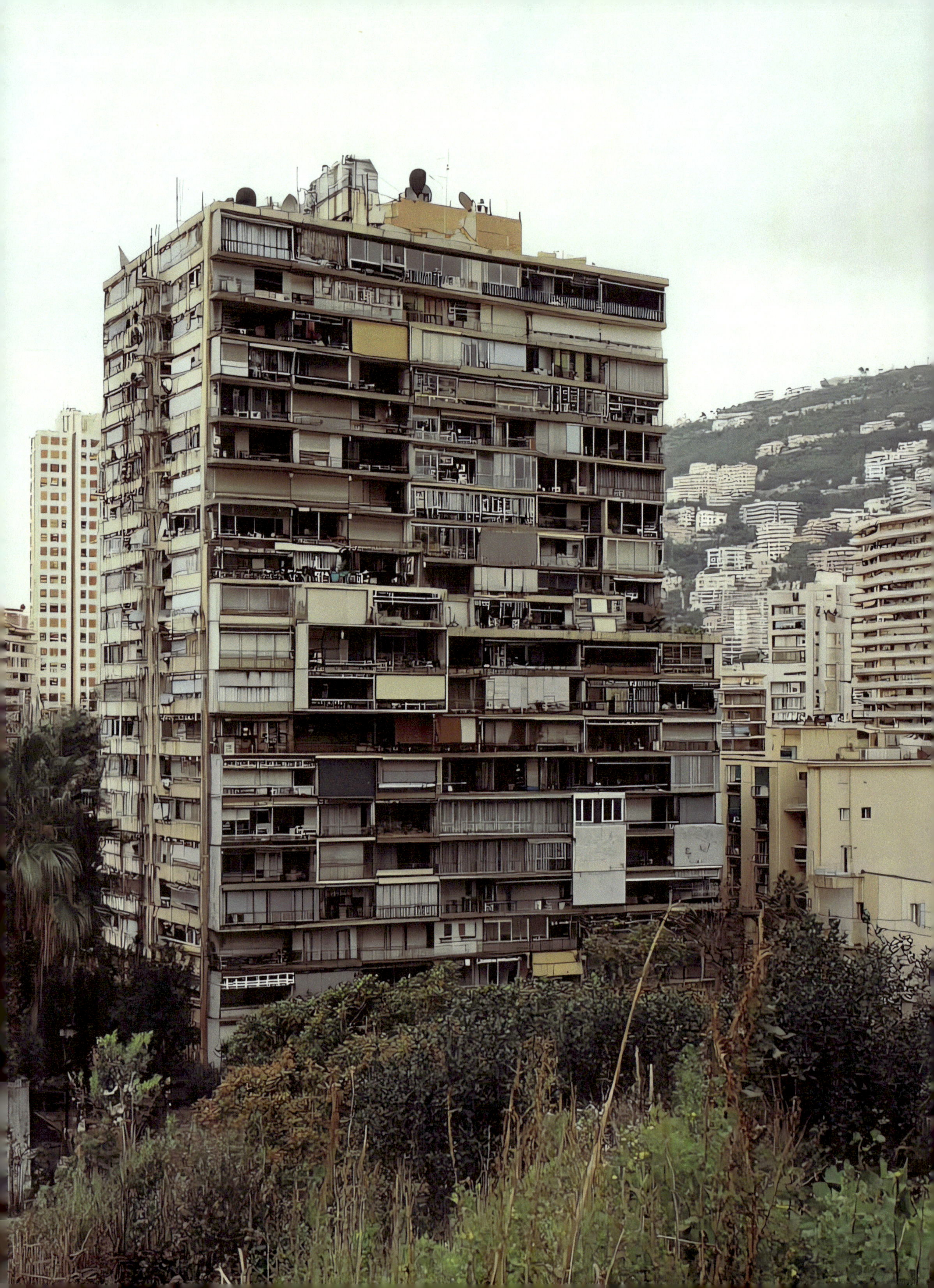

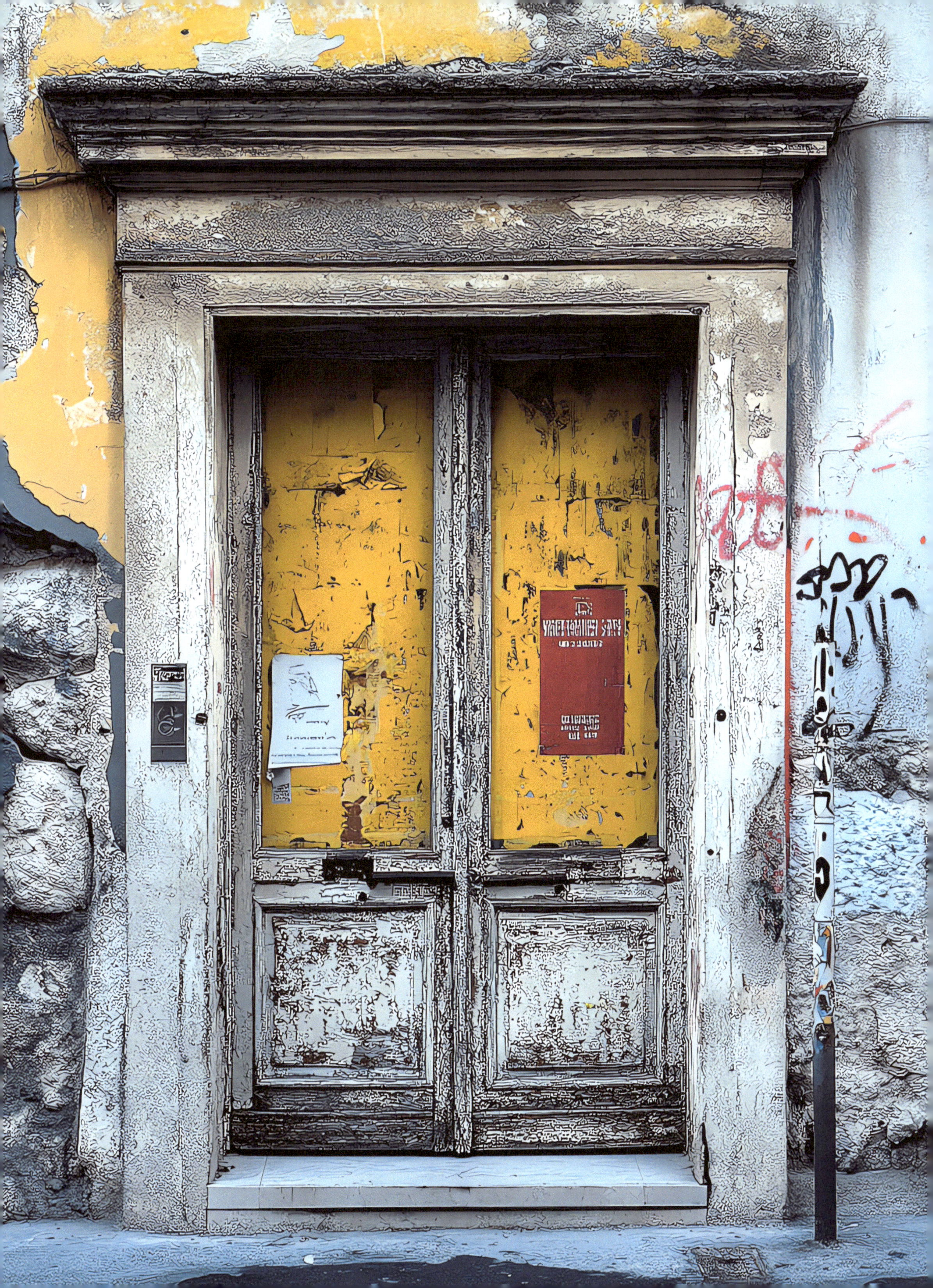

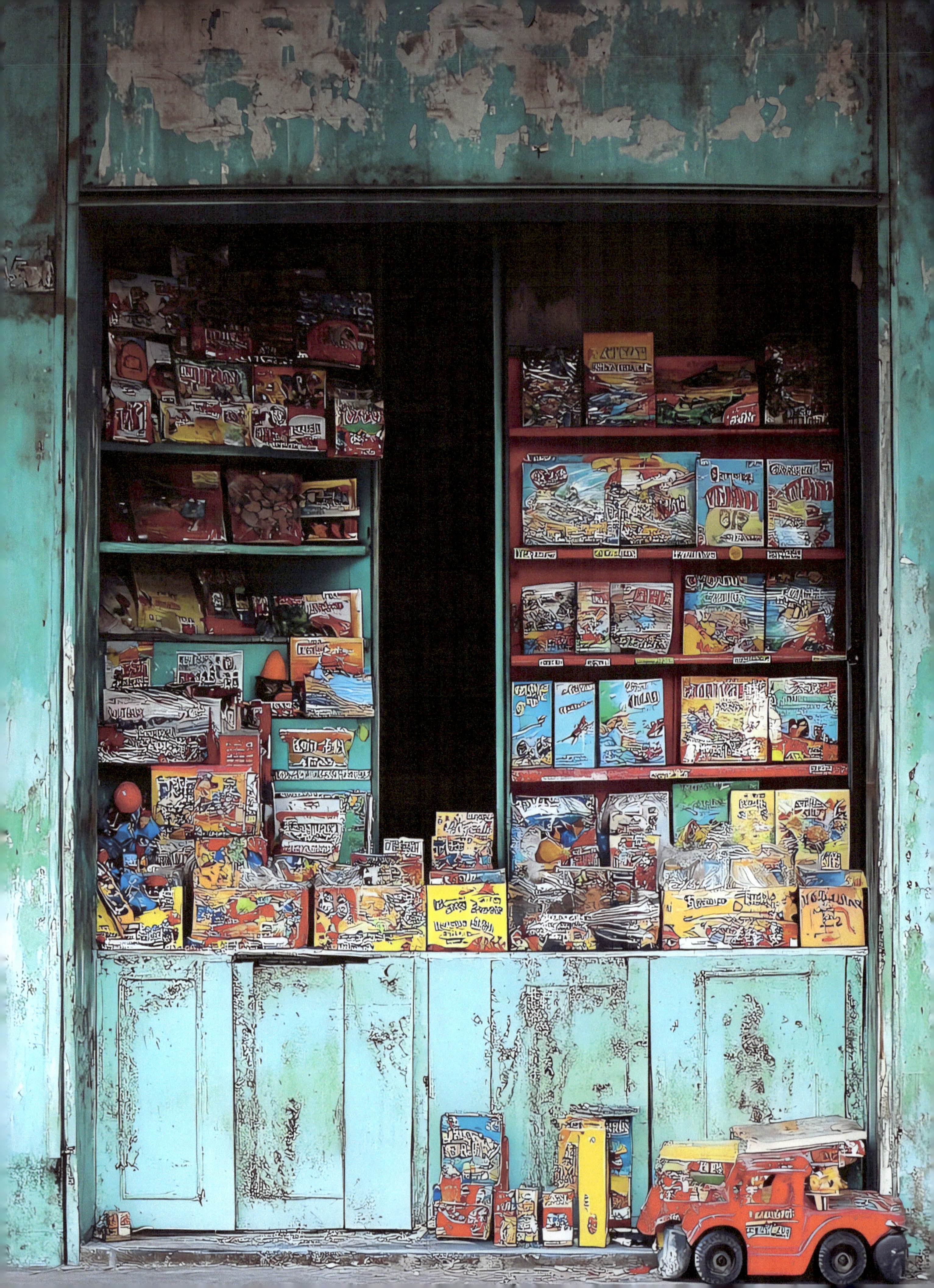

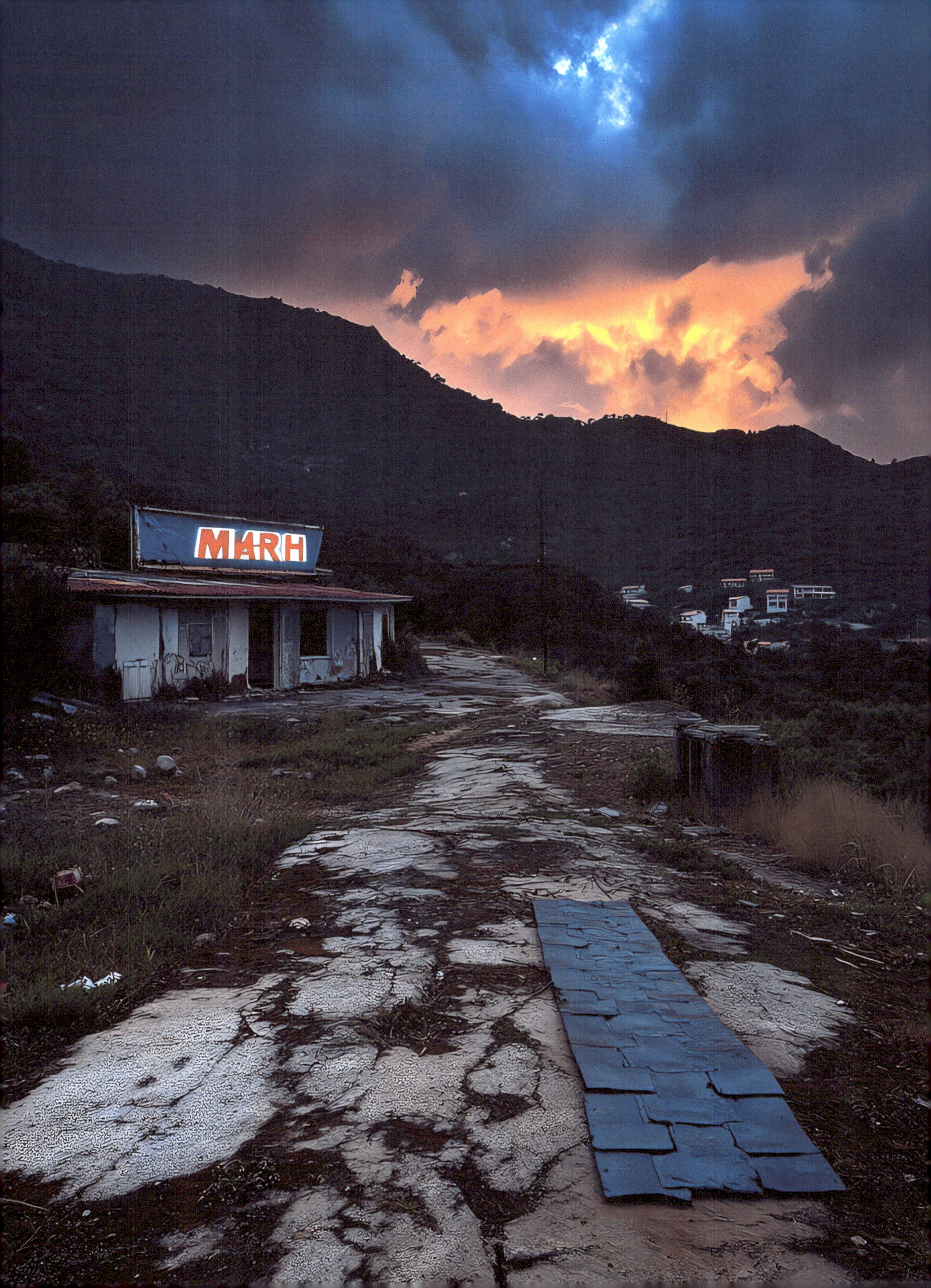
MARH

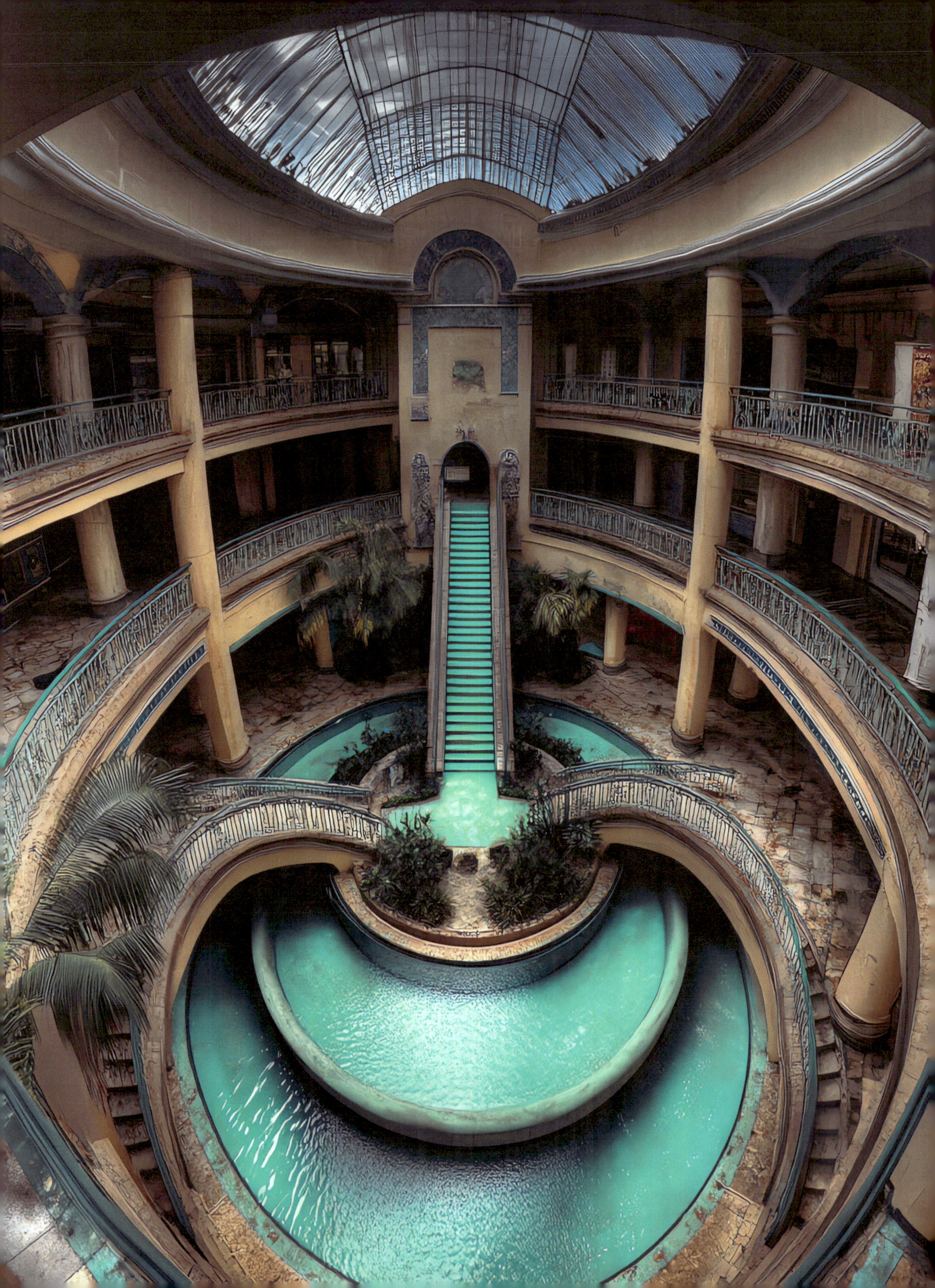

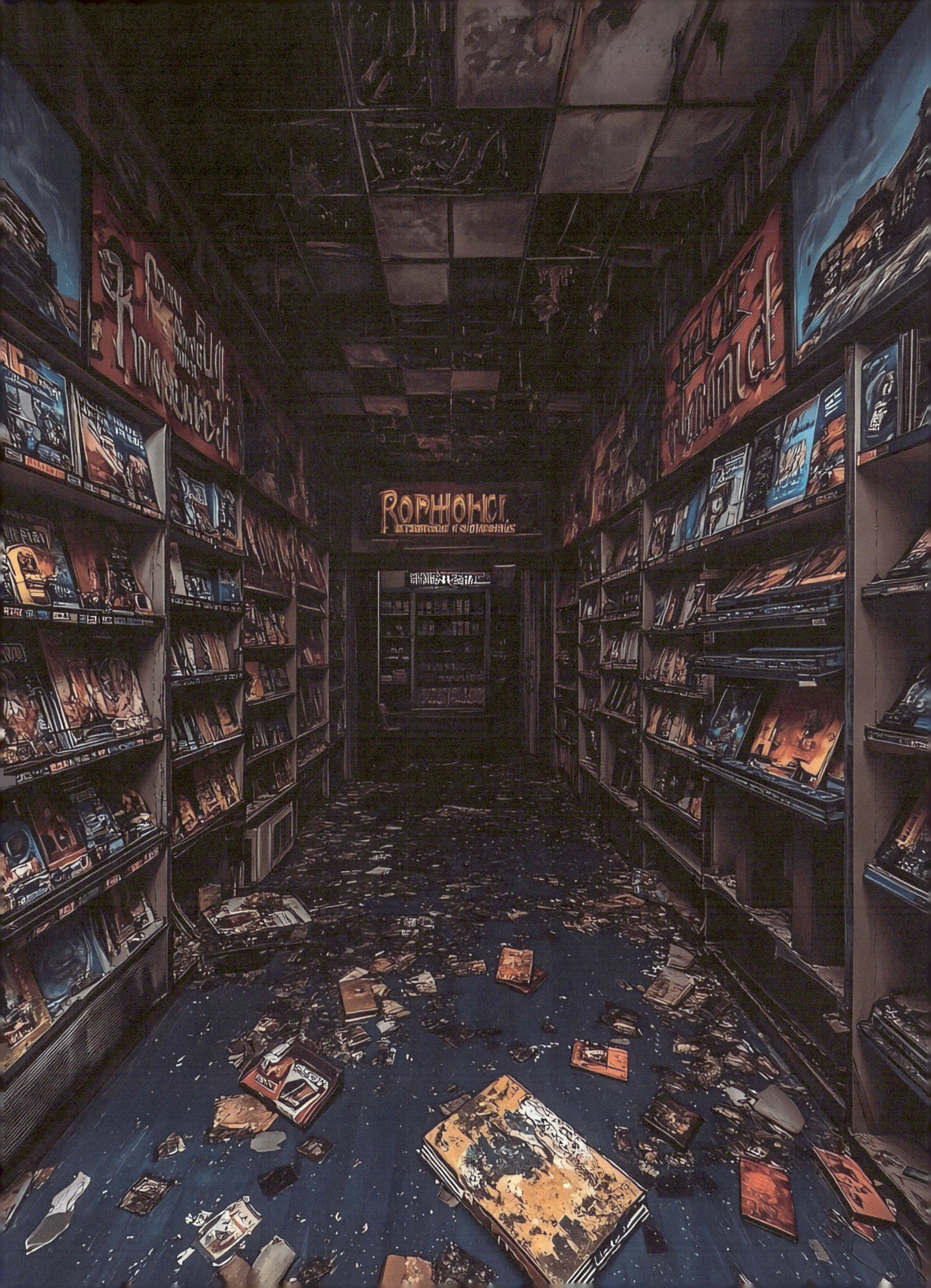

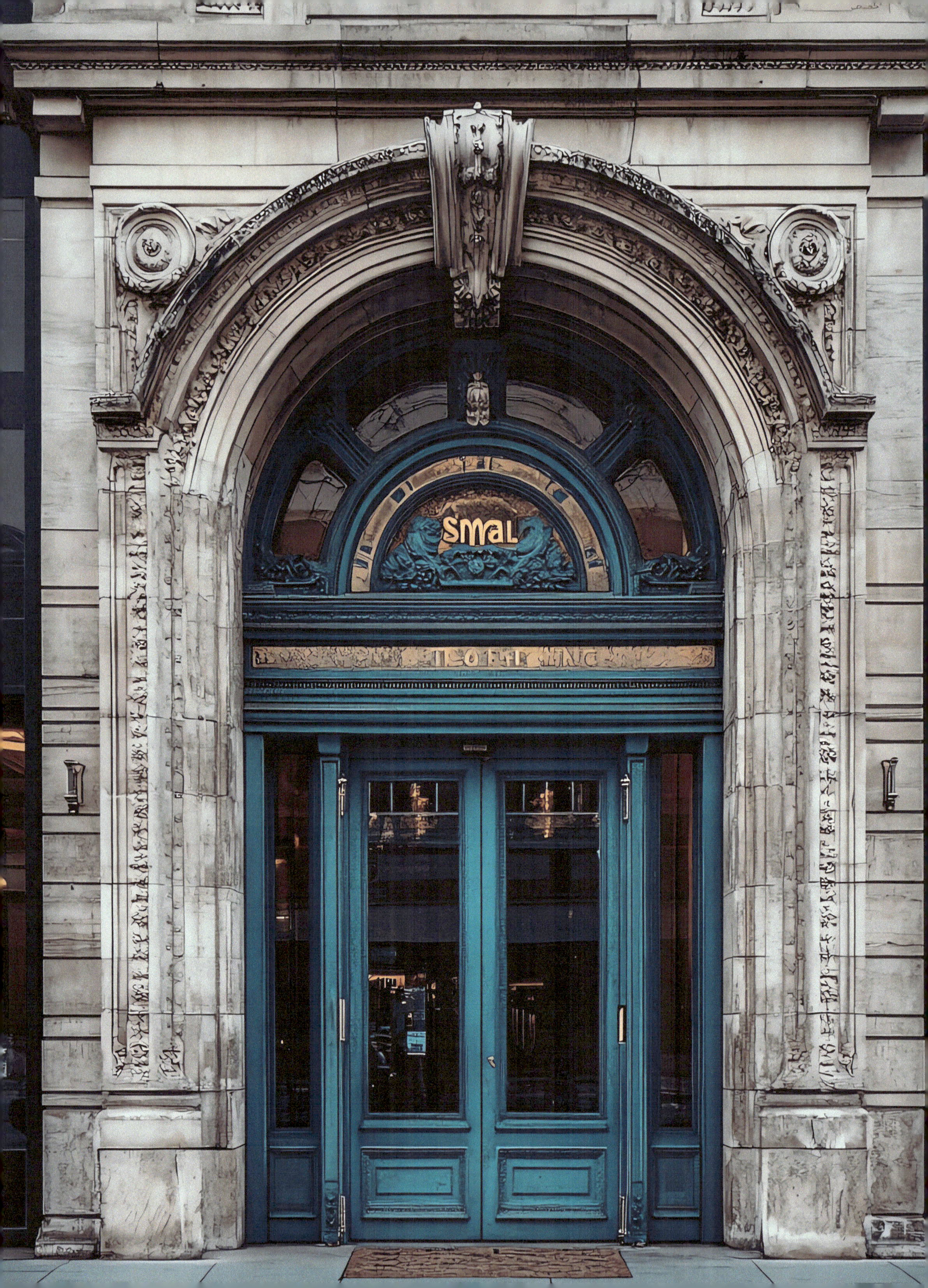
SMAL

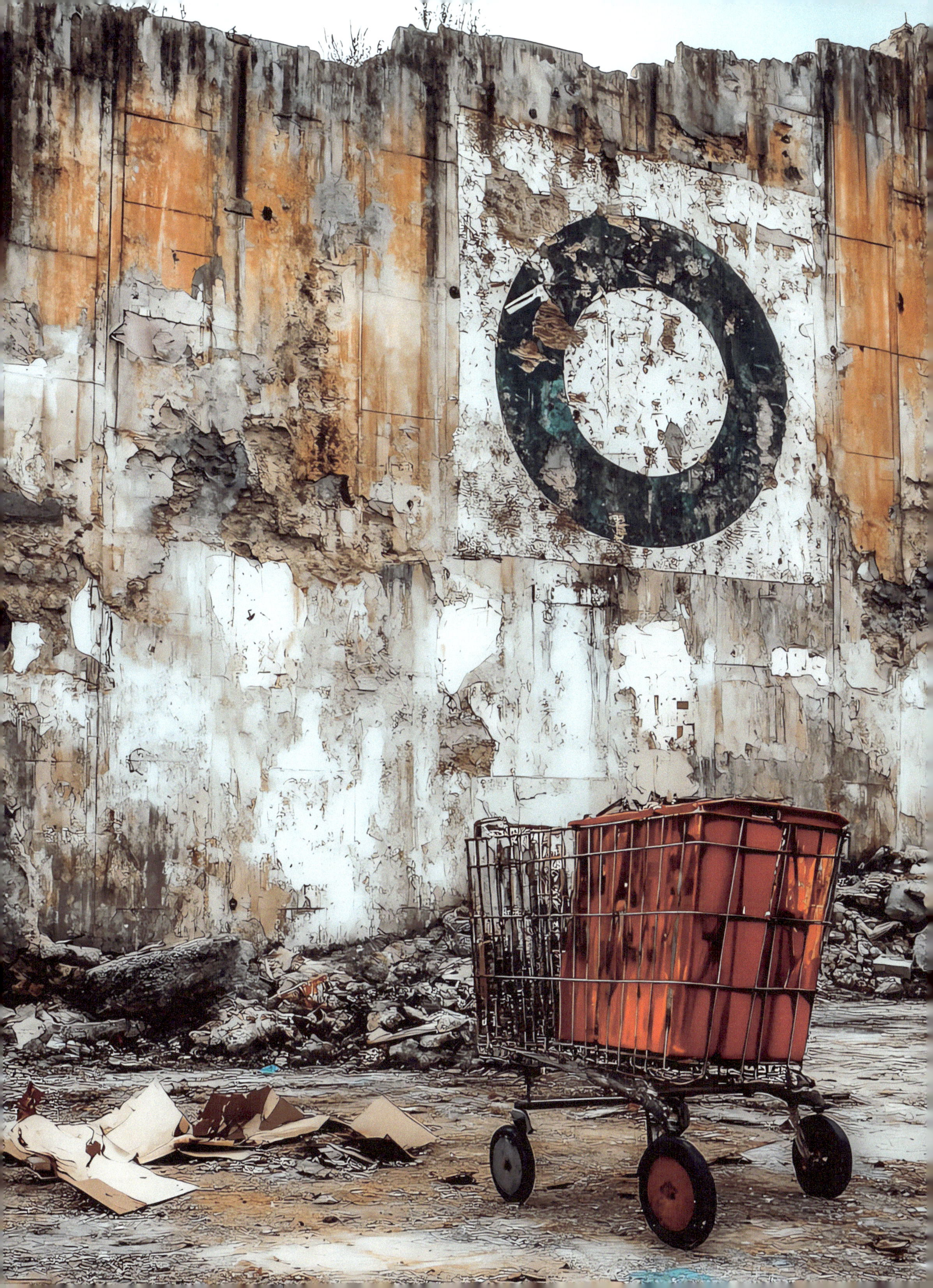

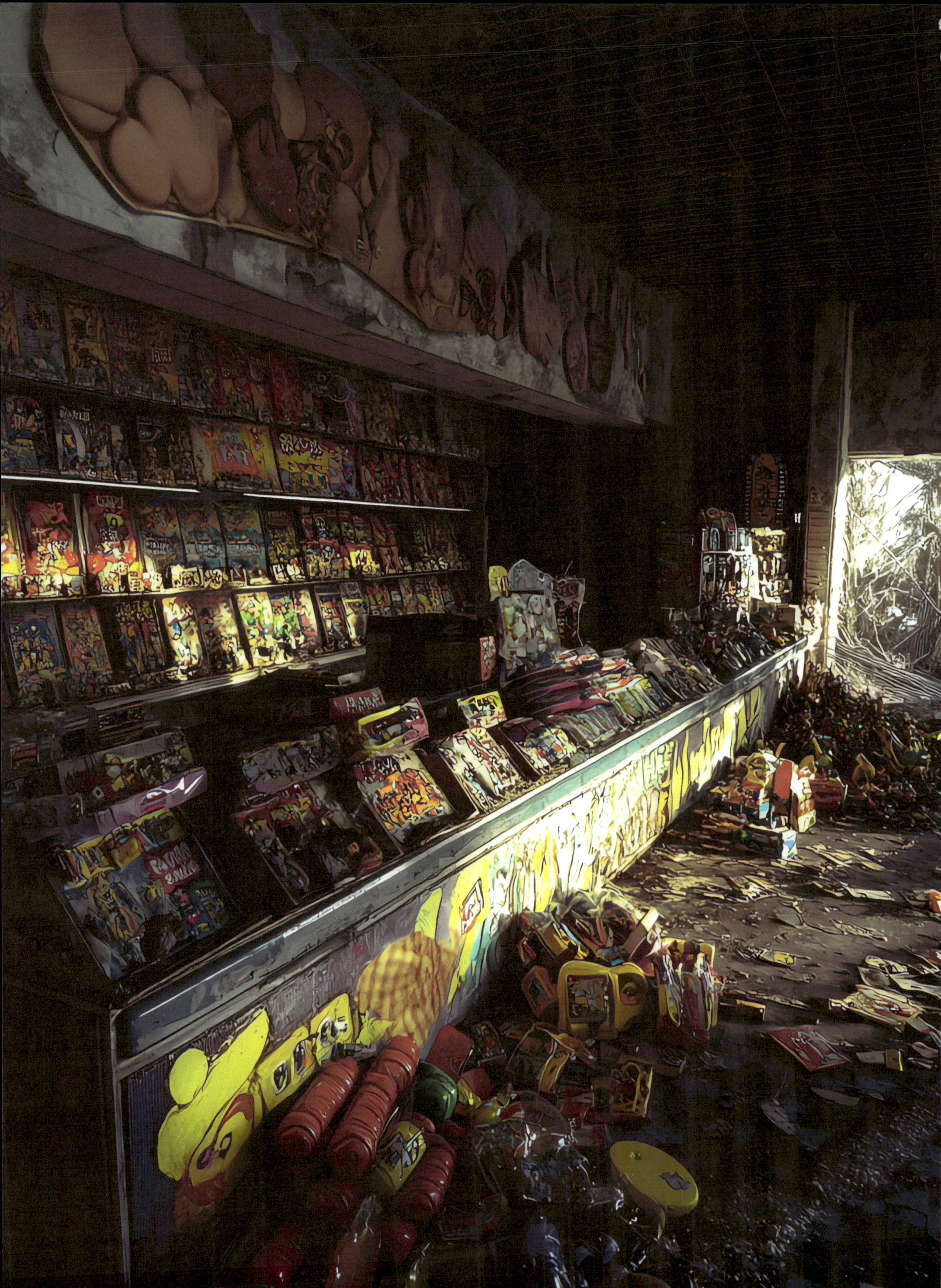

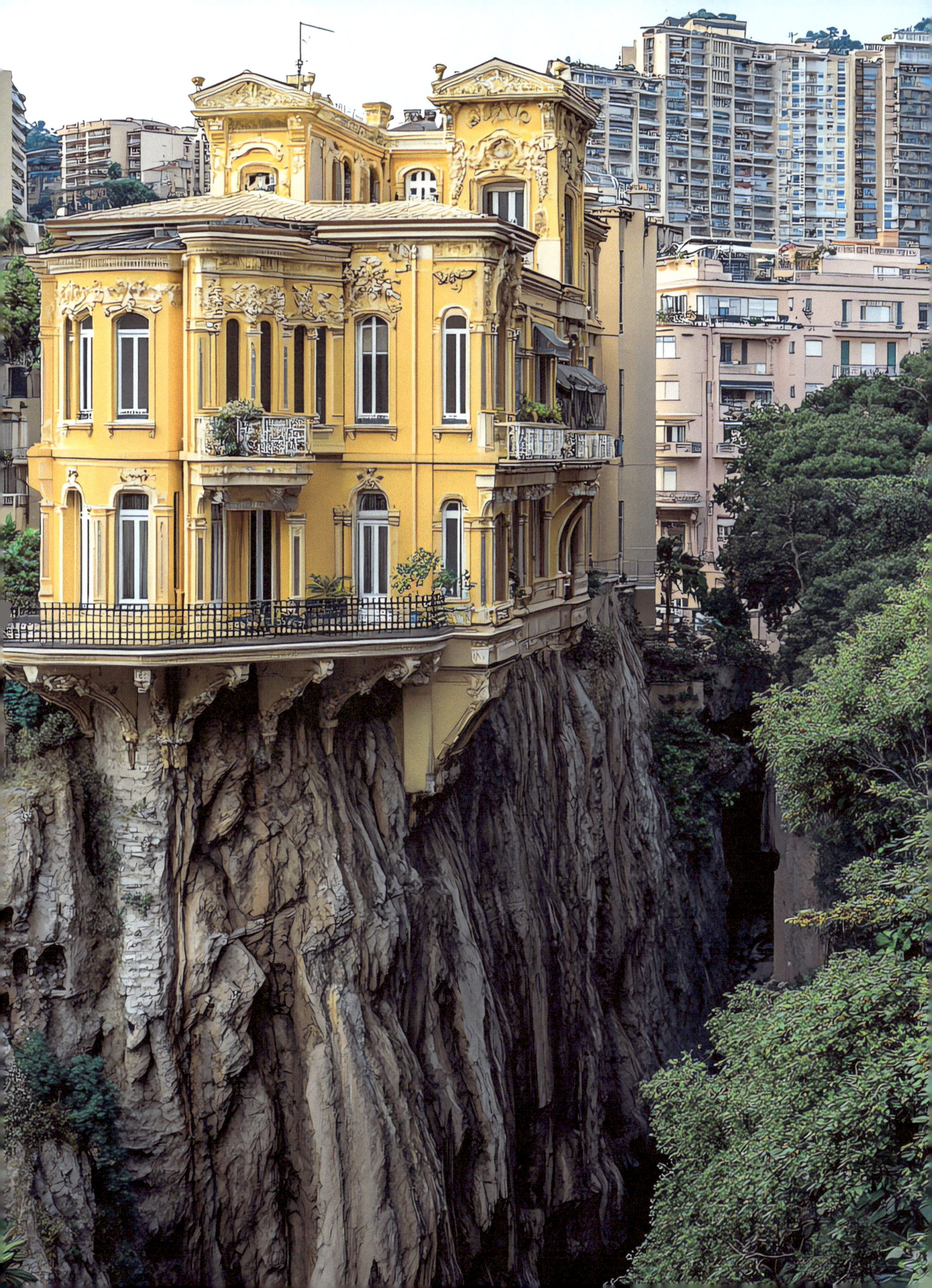

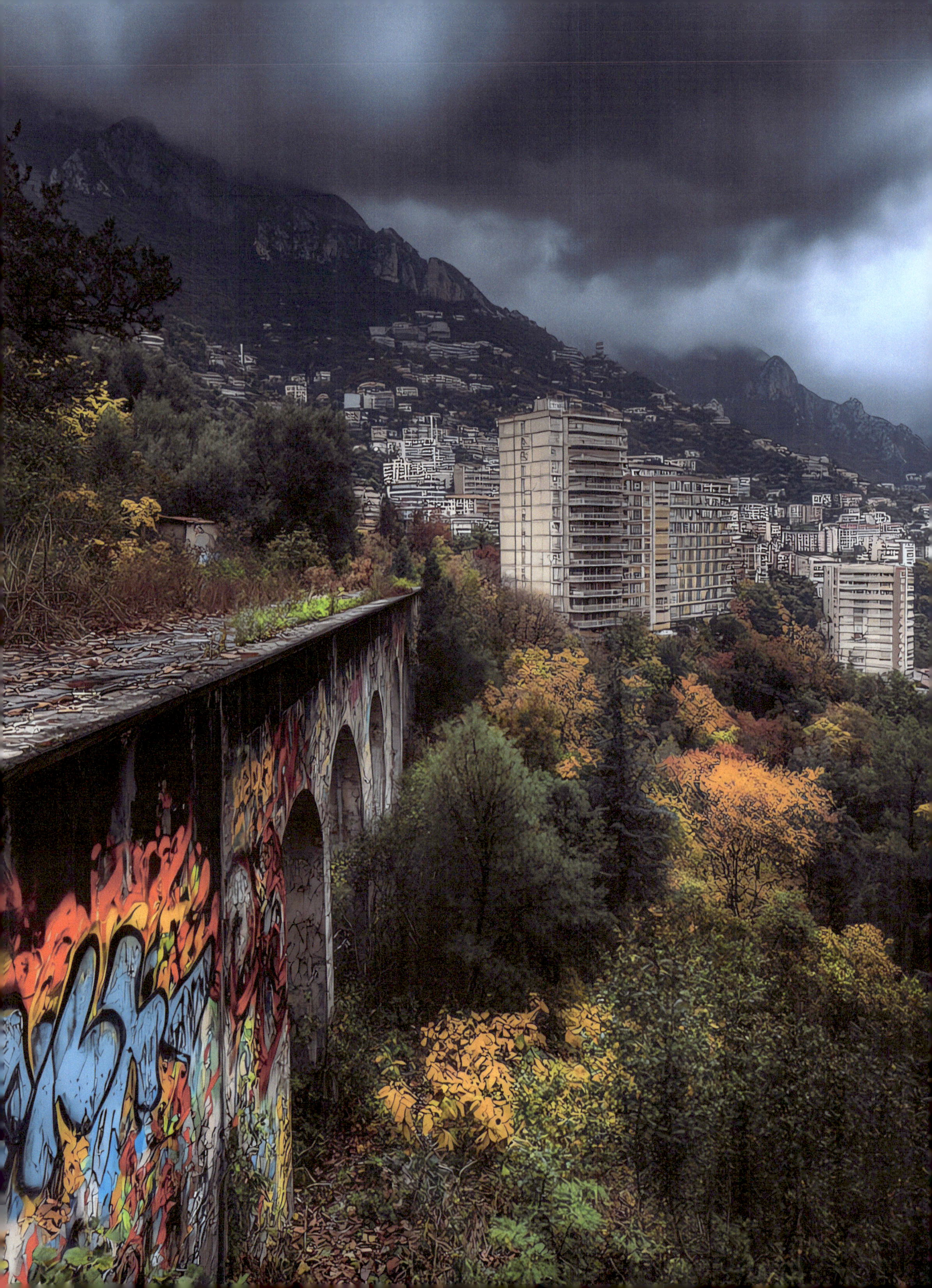

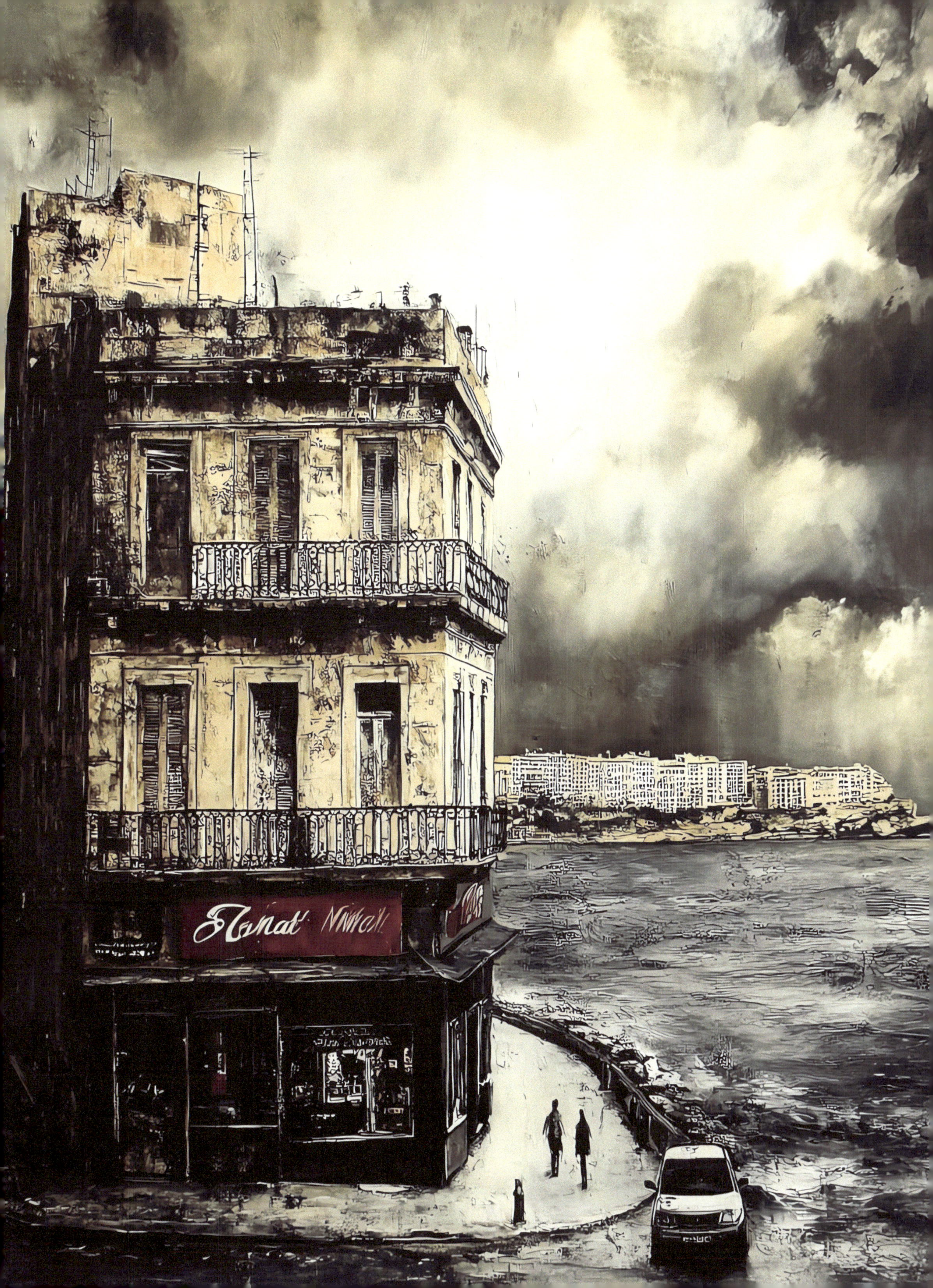

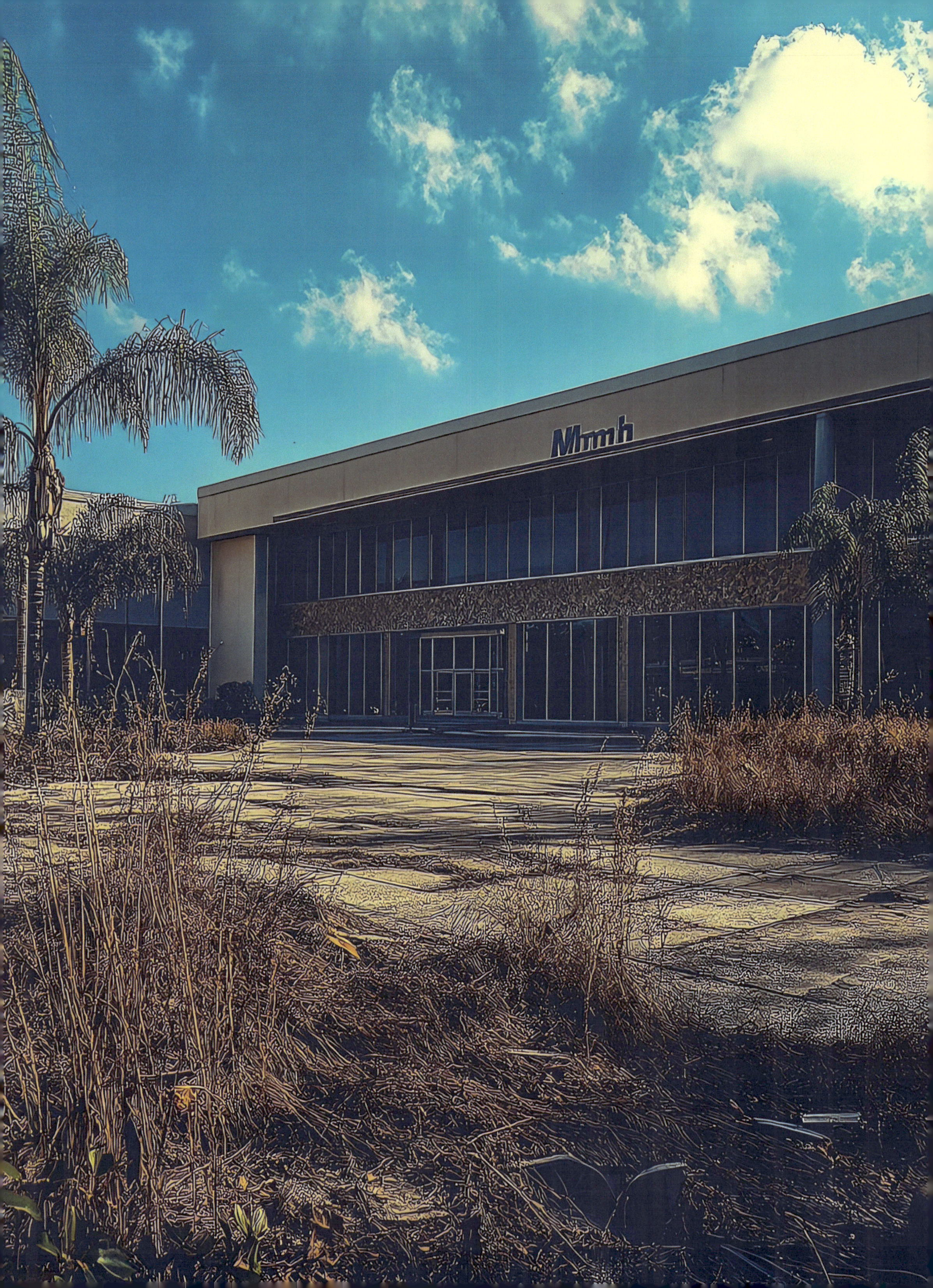

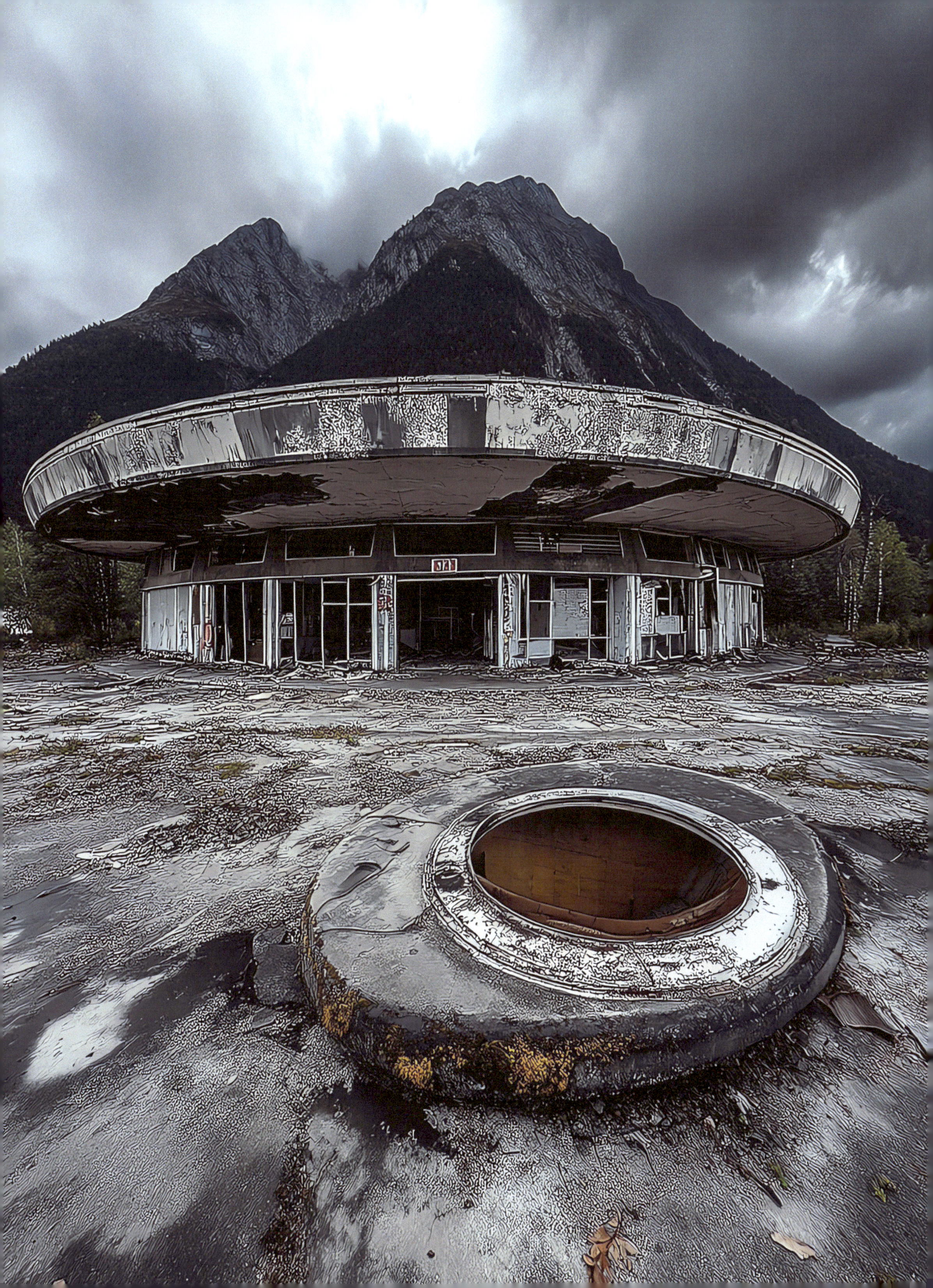

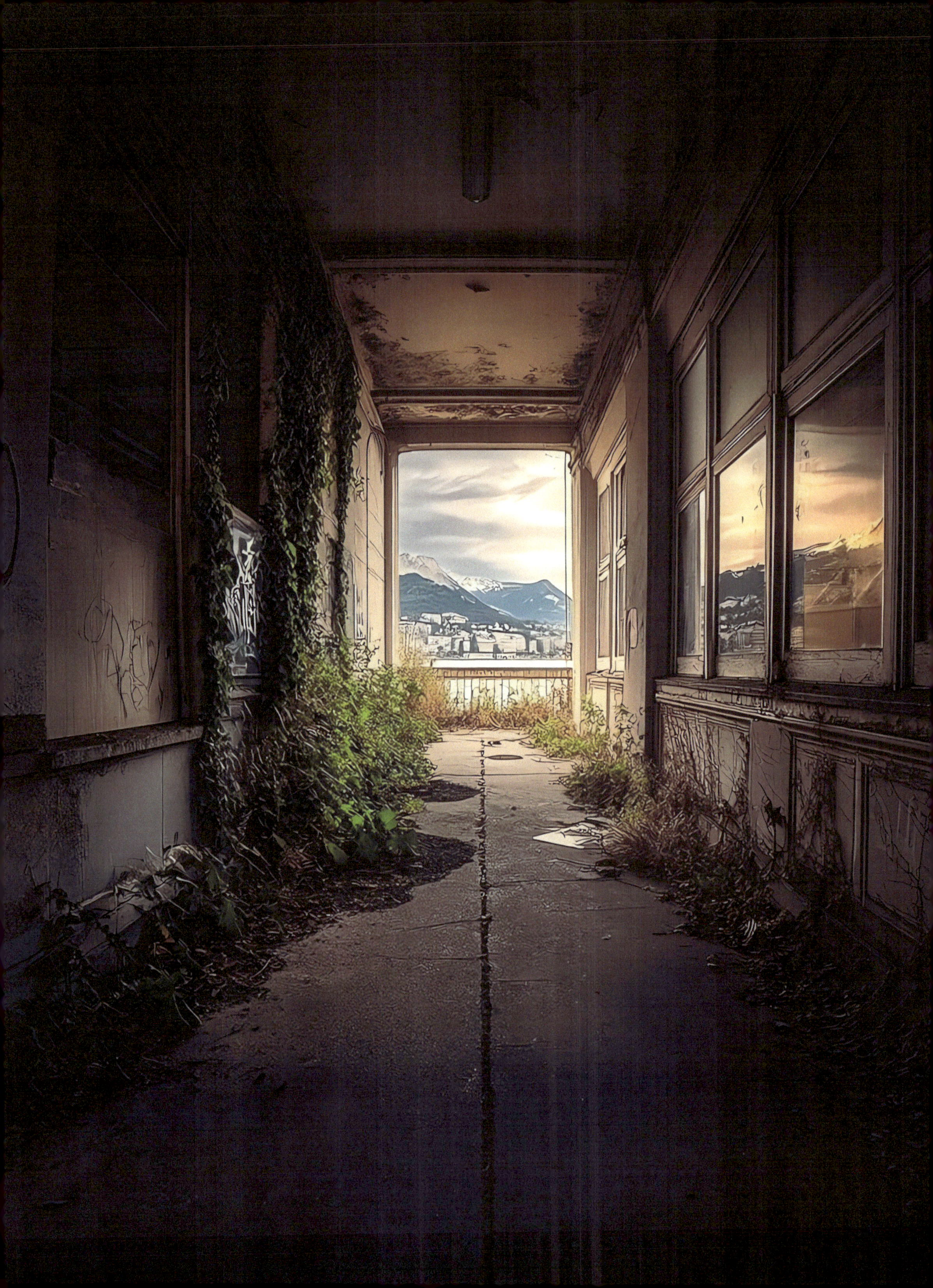

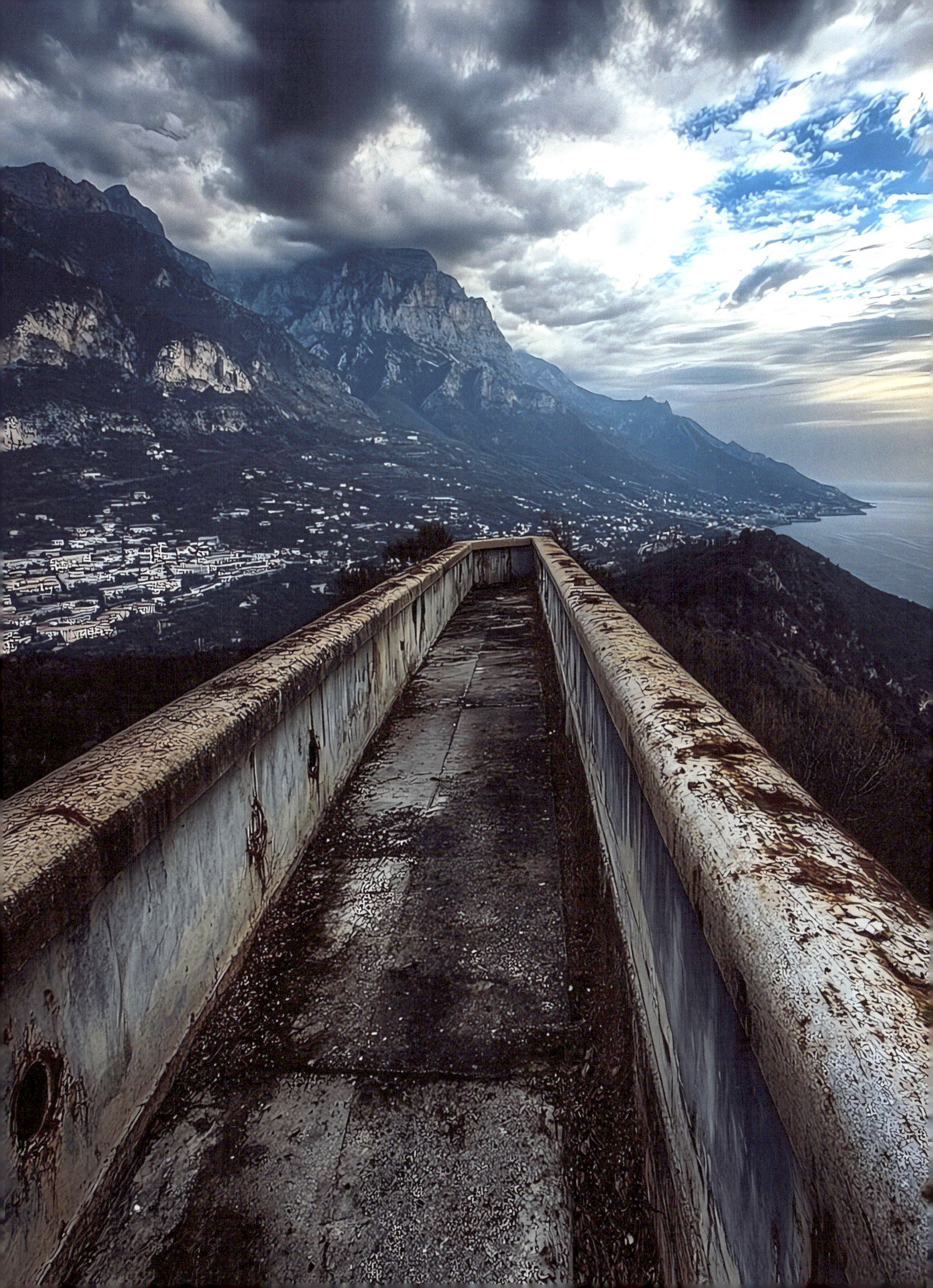

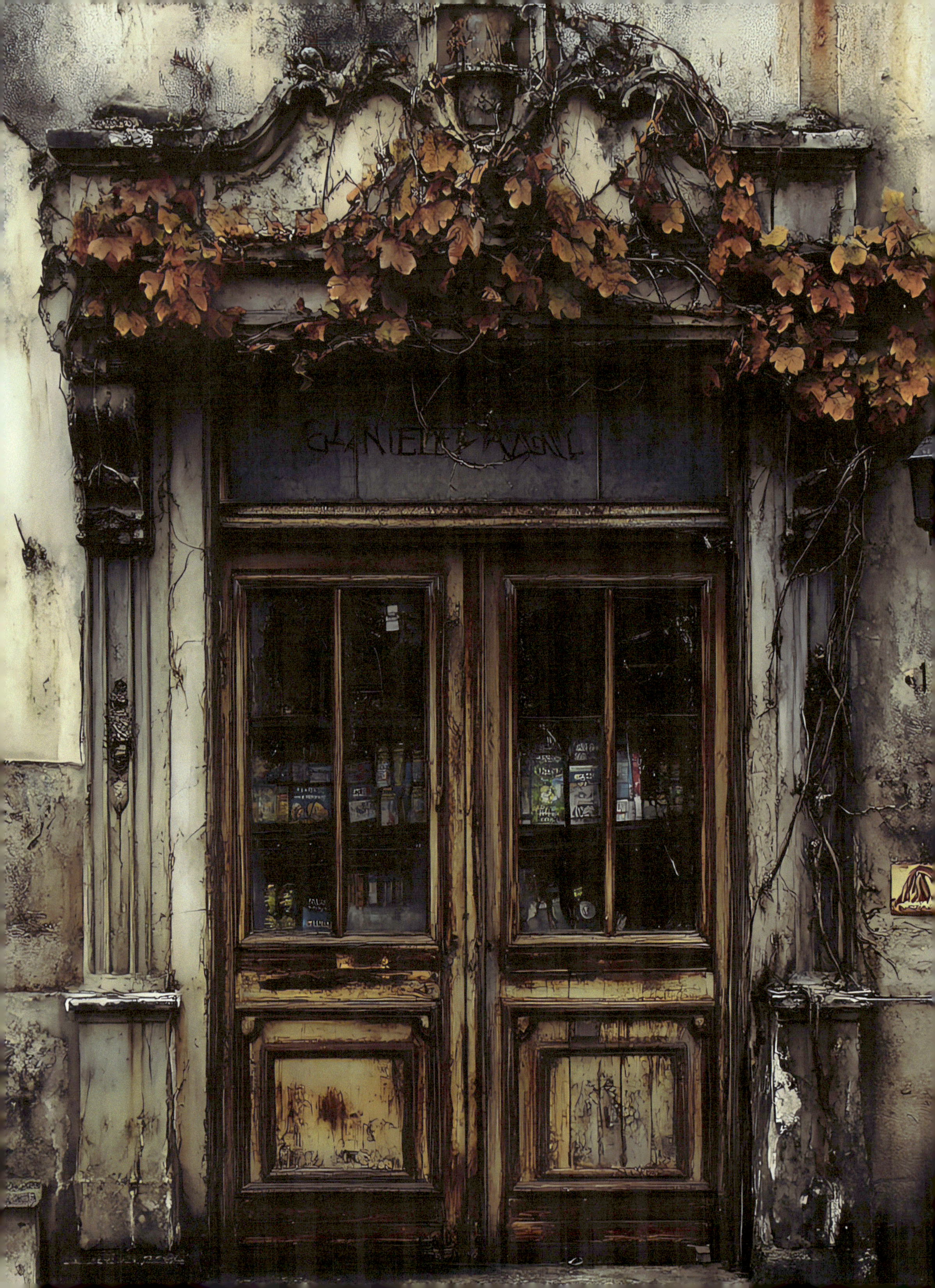

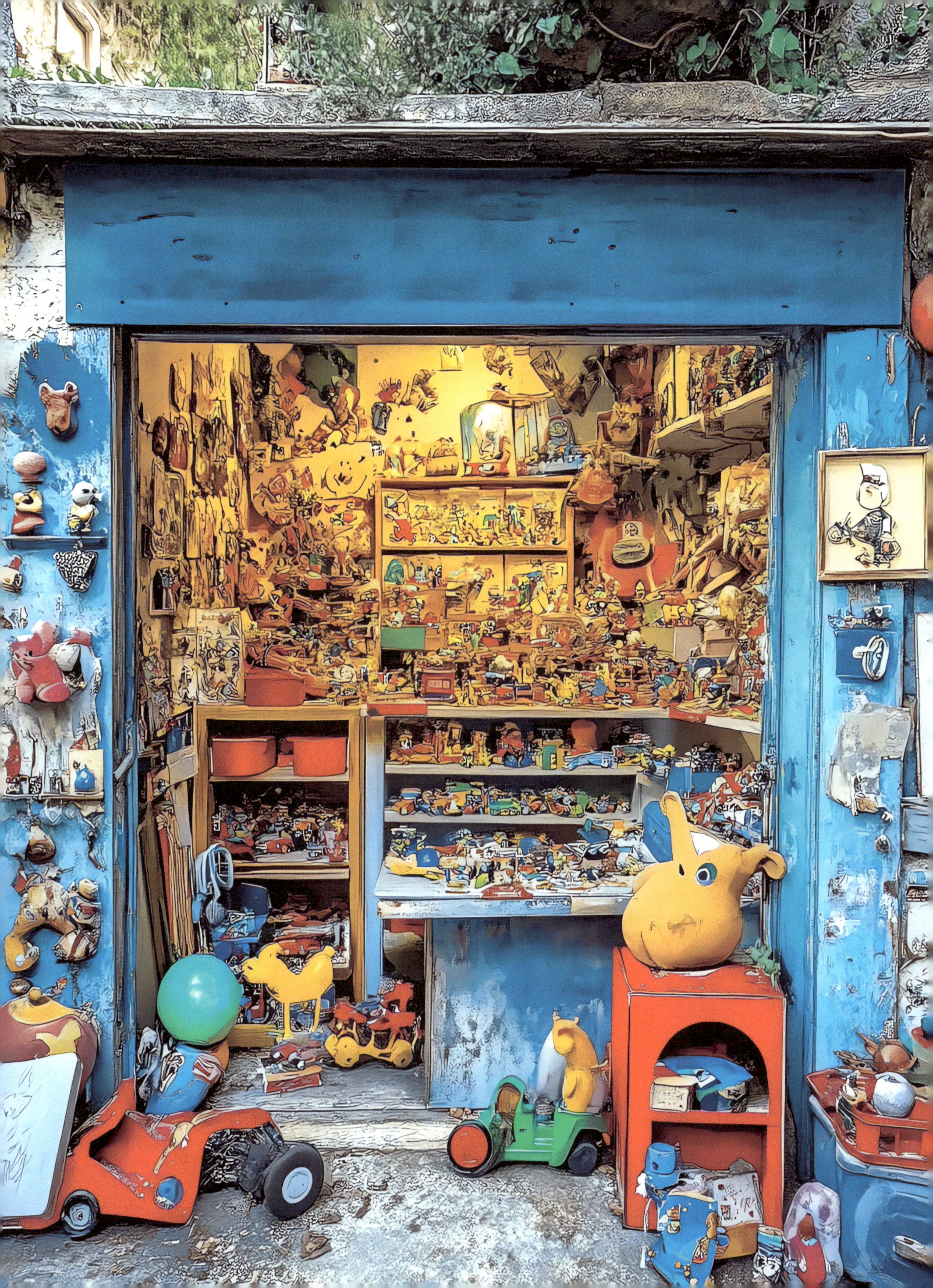

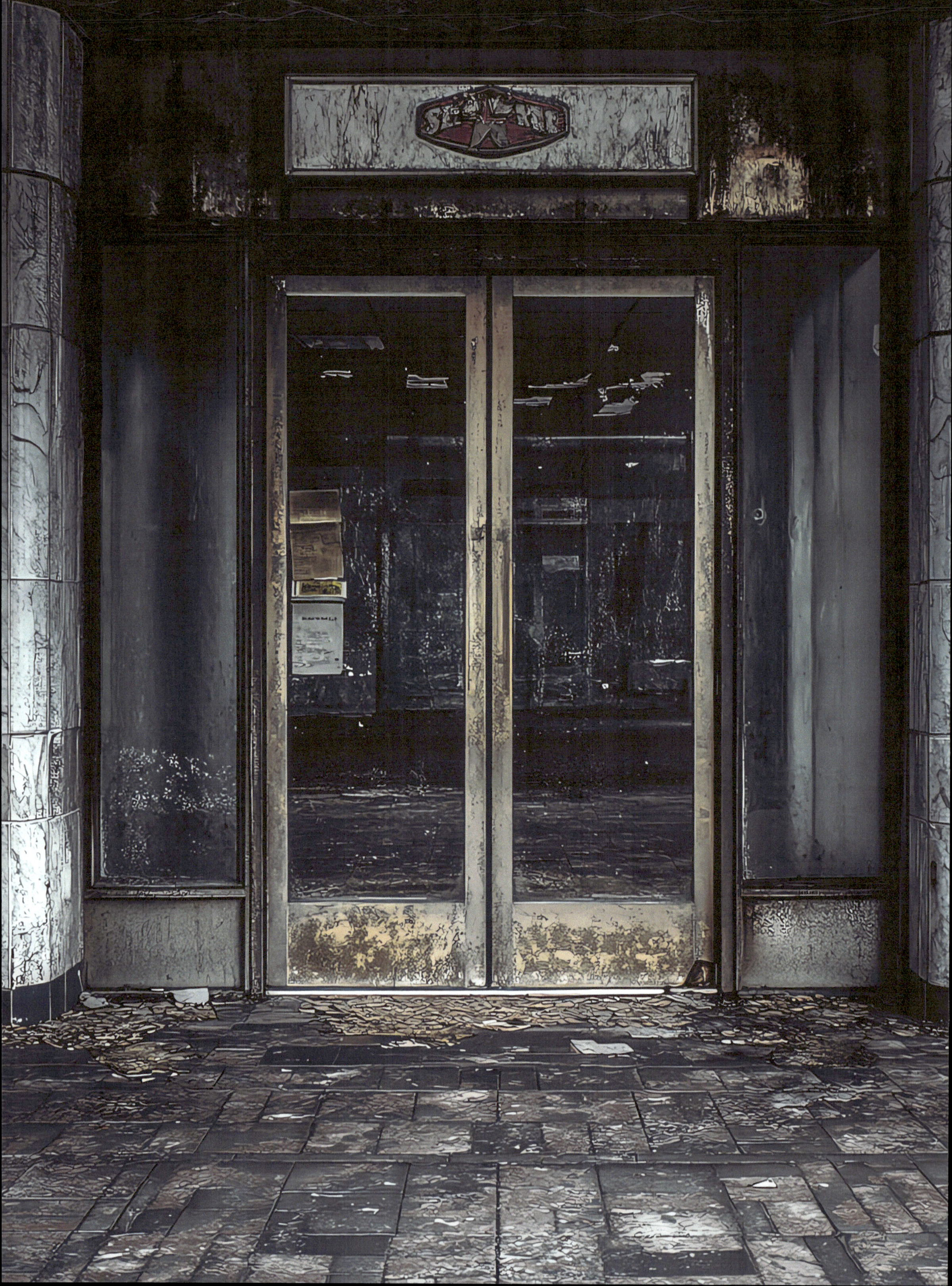

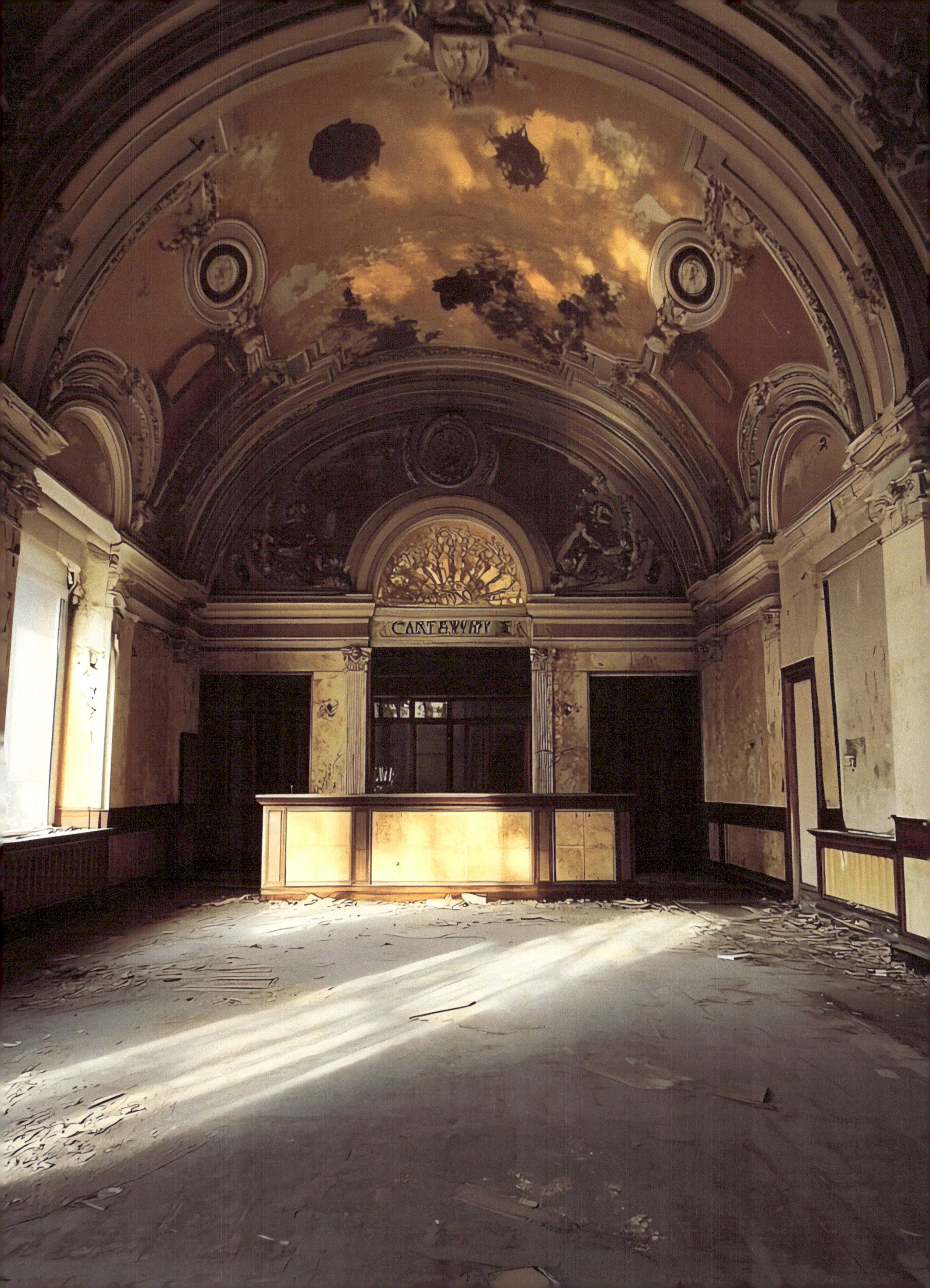

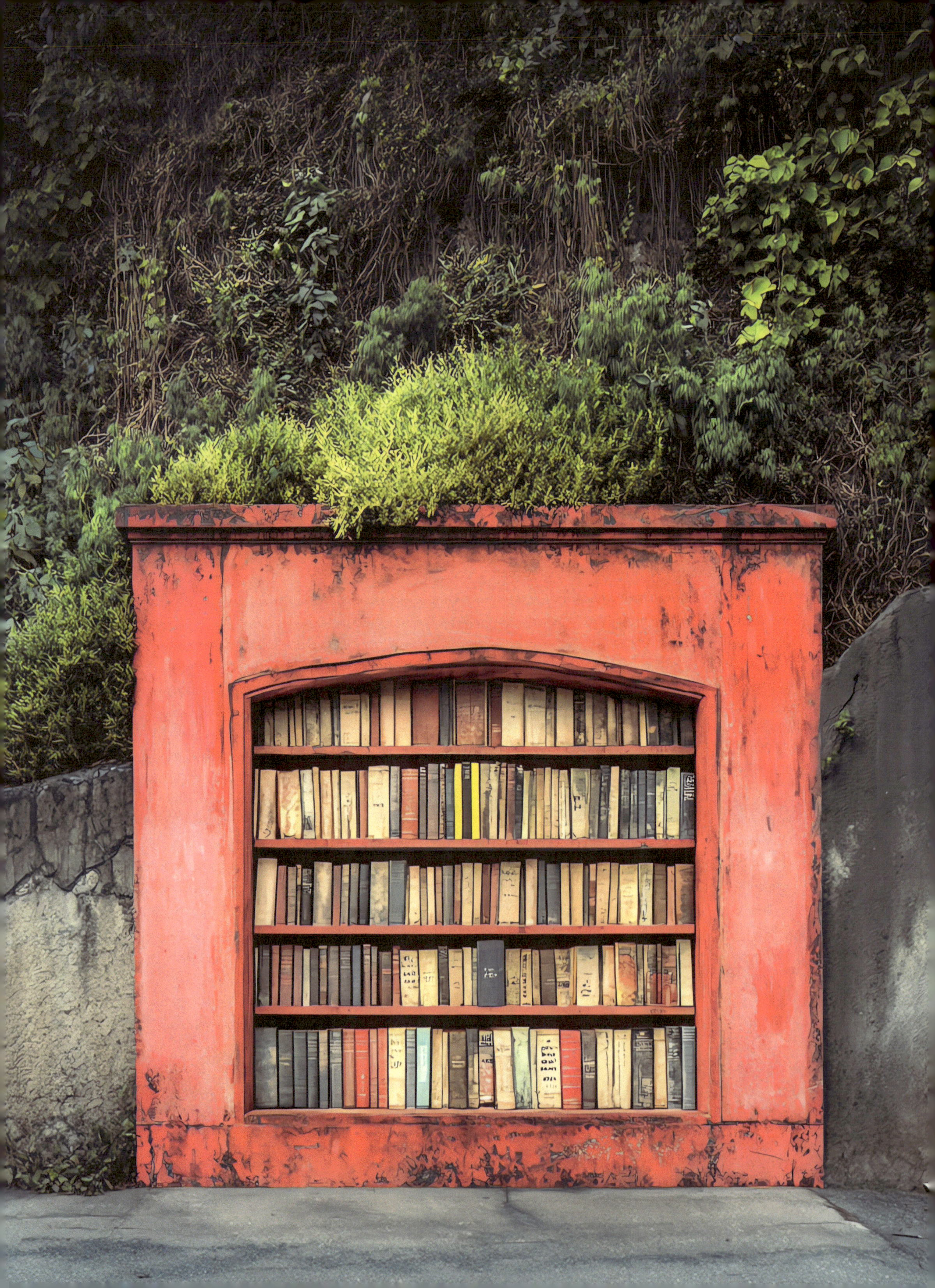

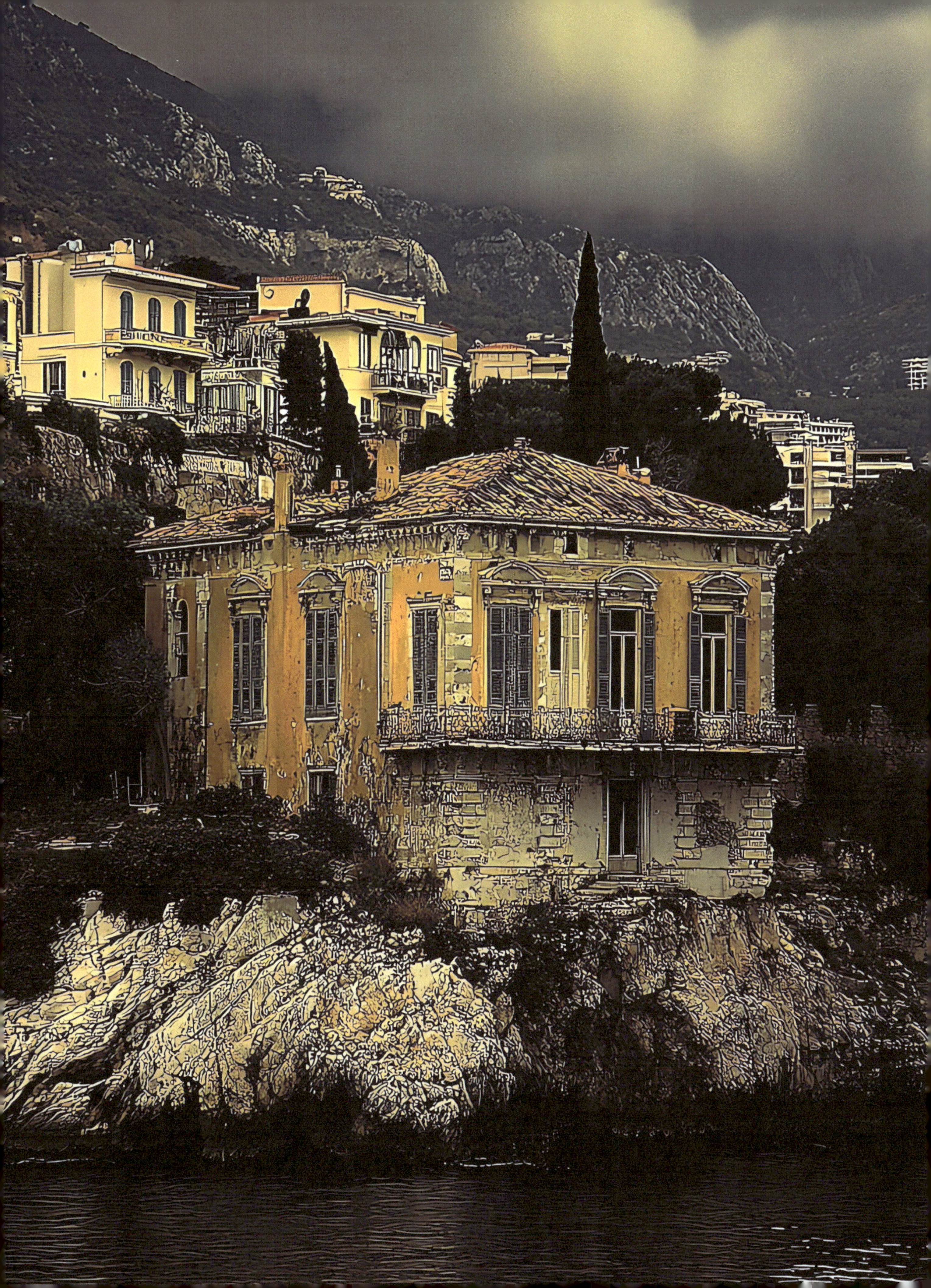

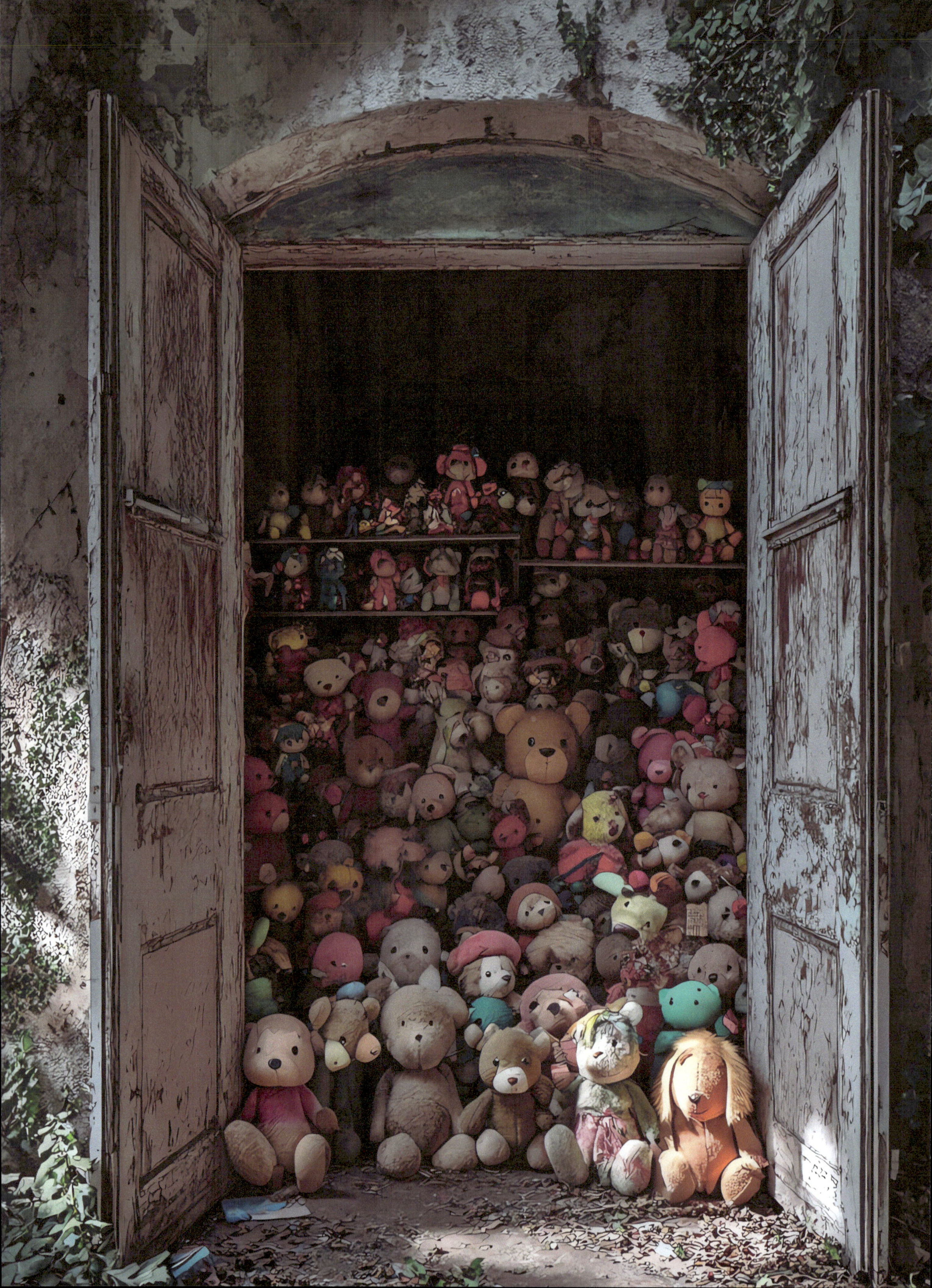

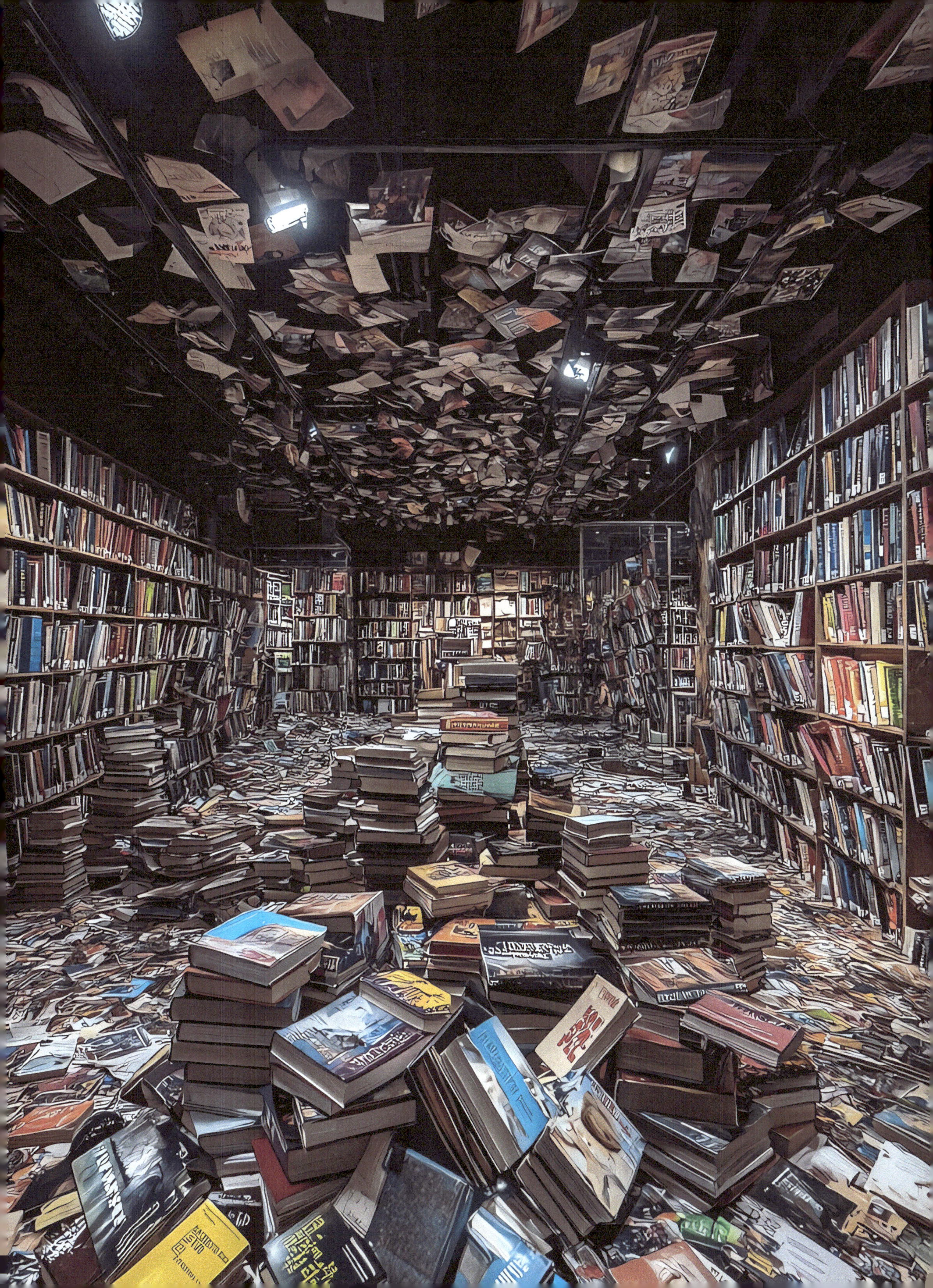

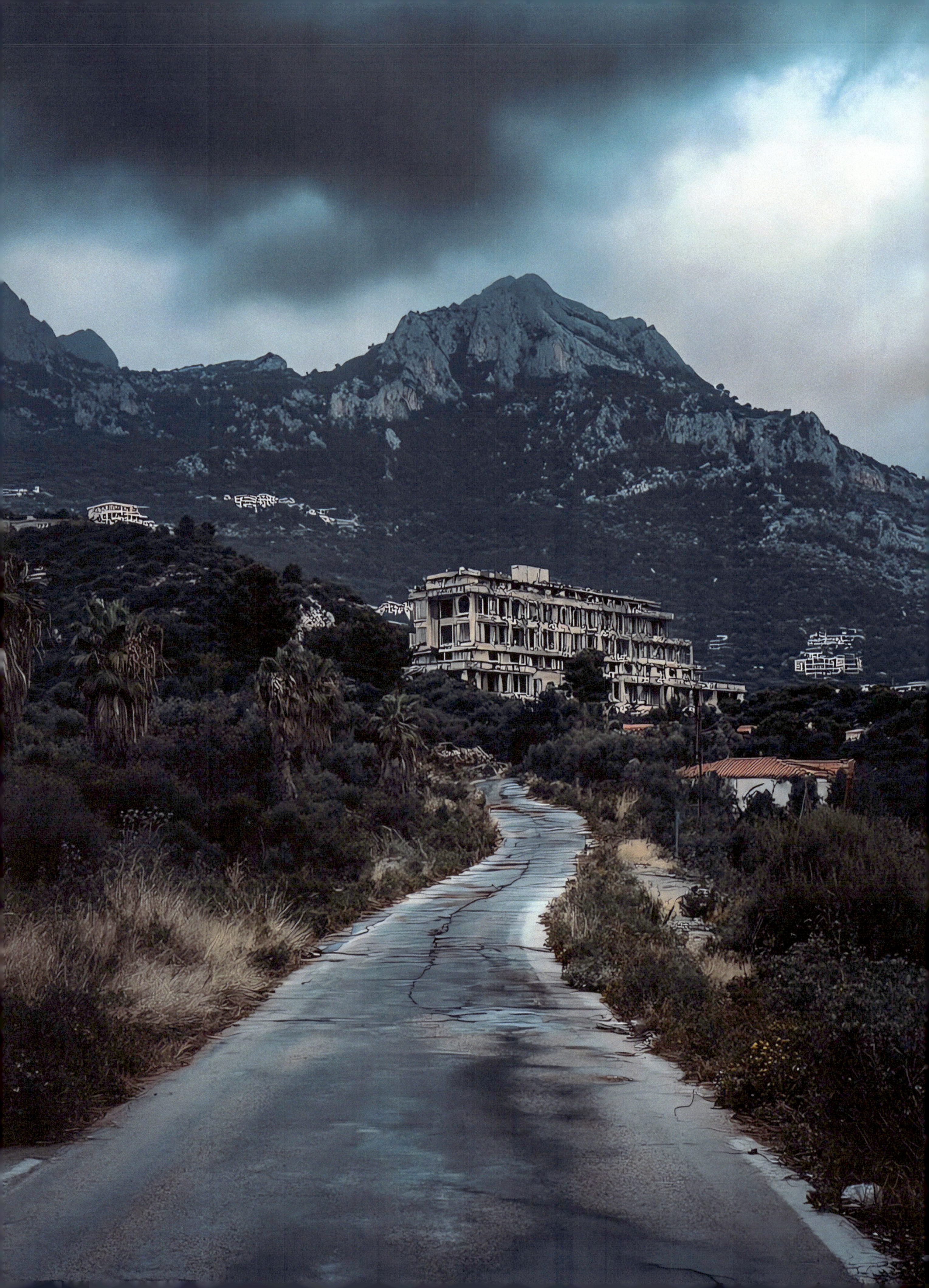

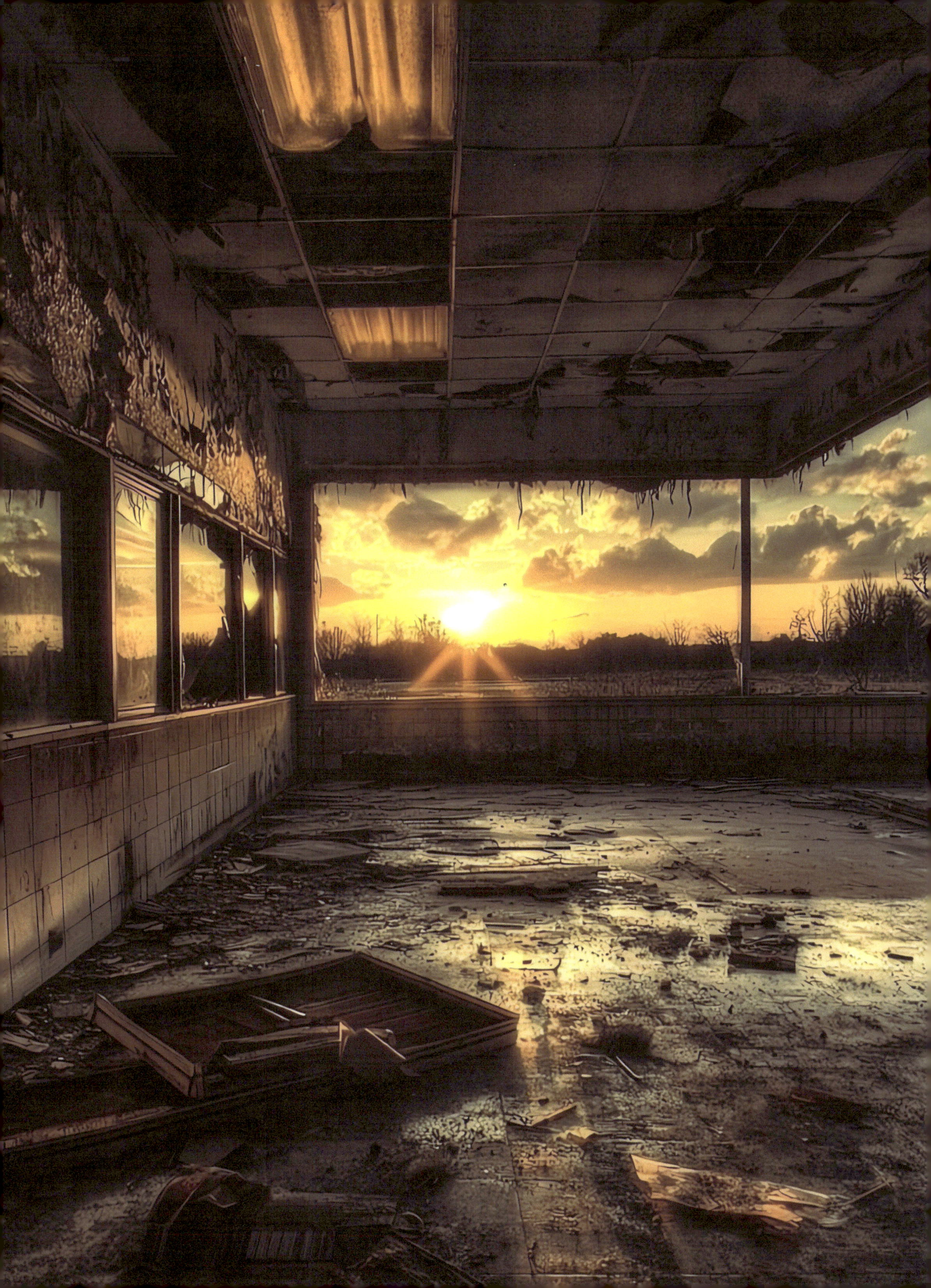

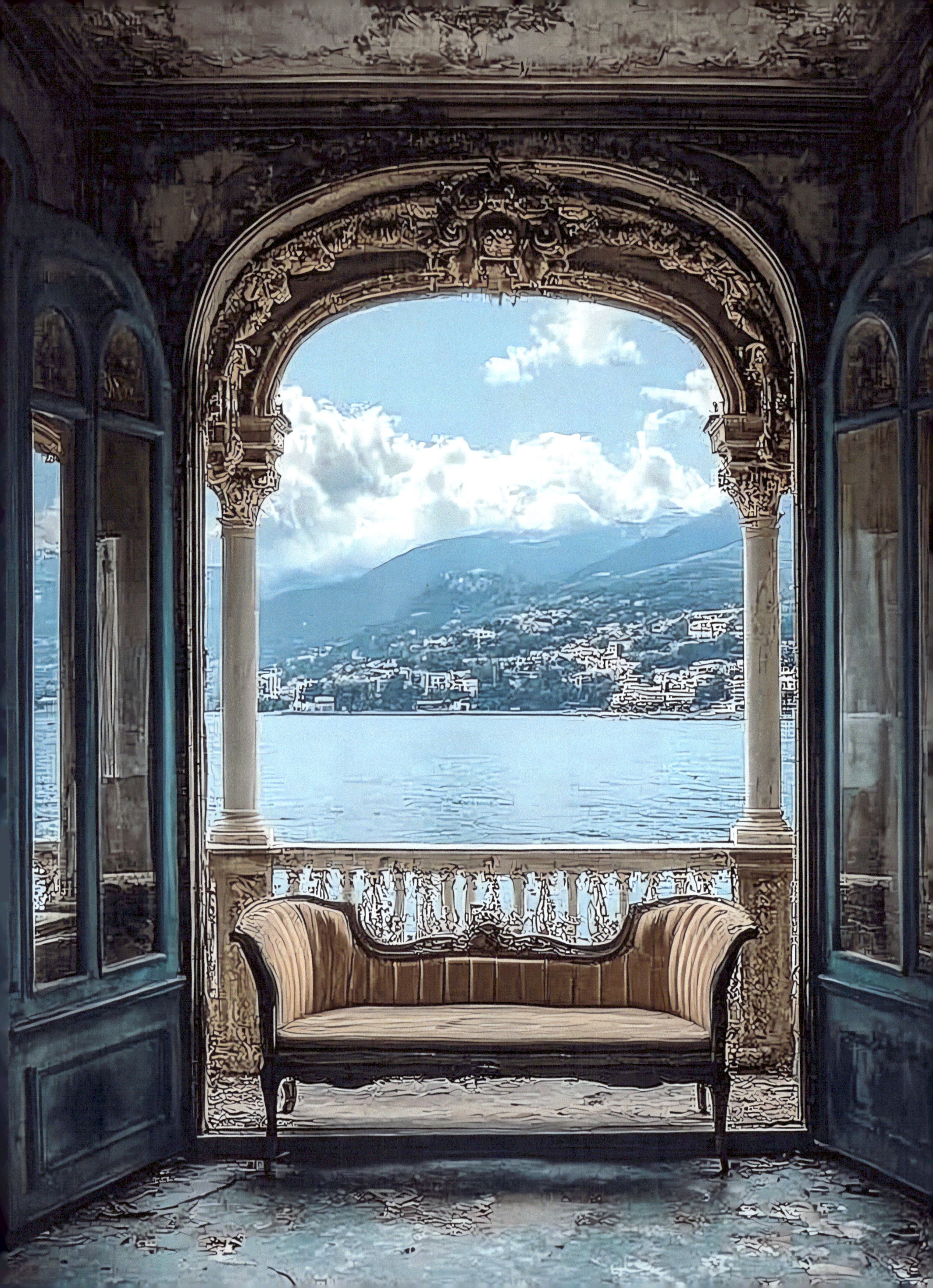

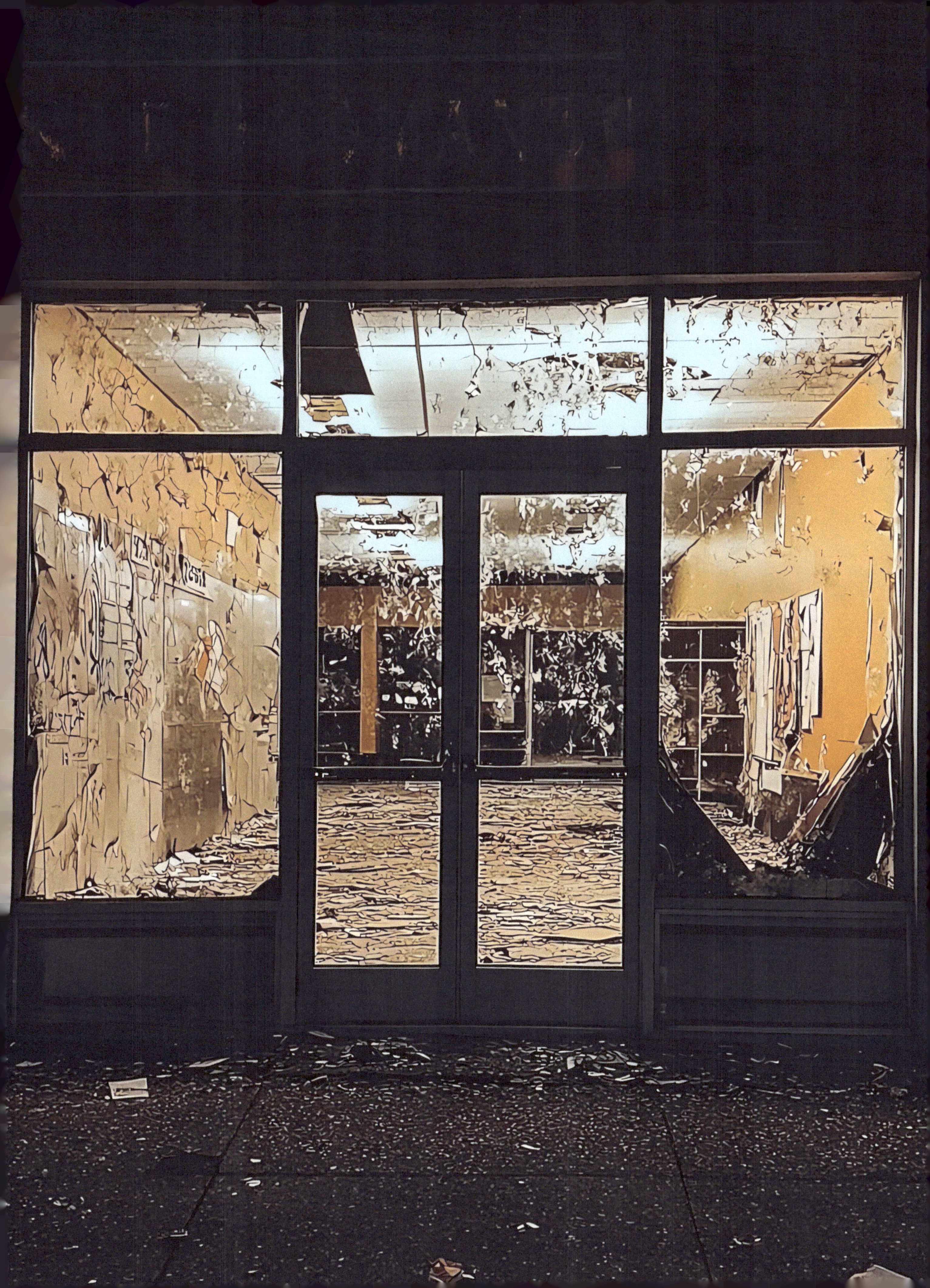

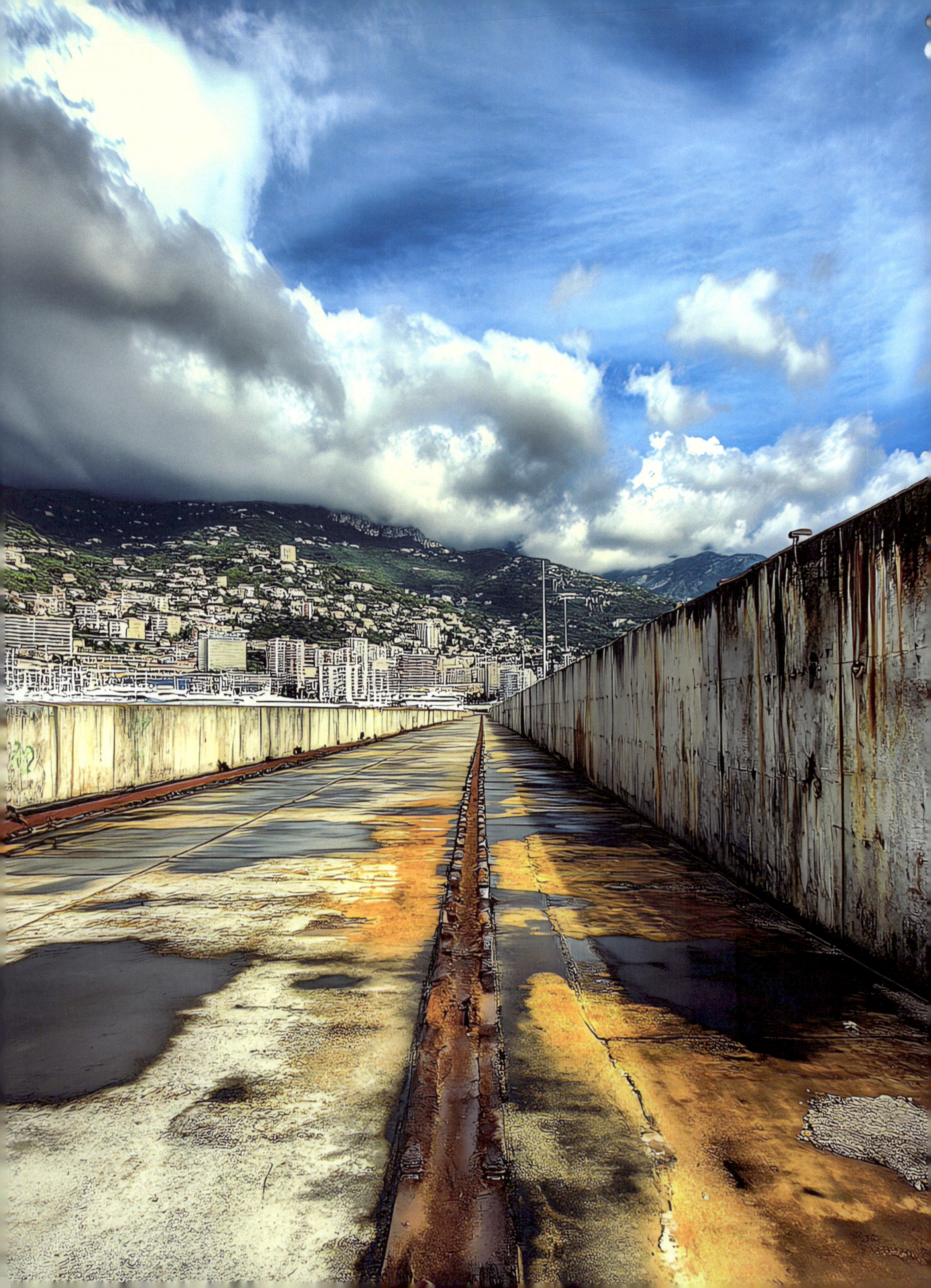

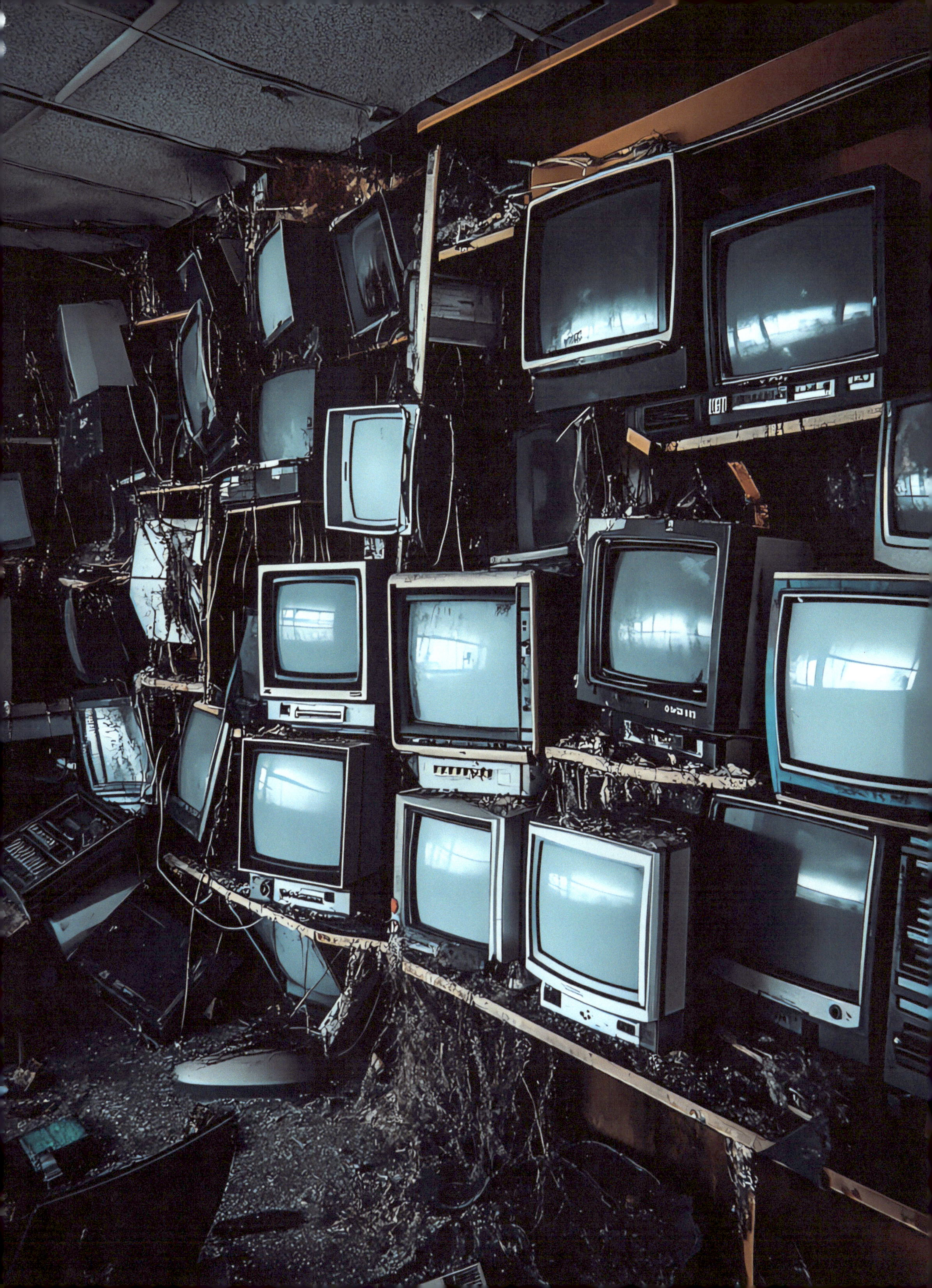

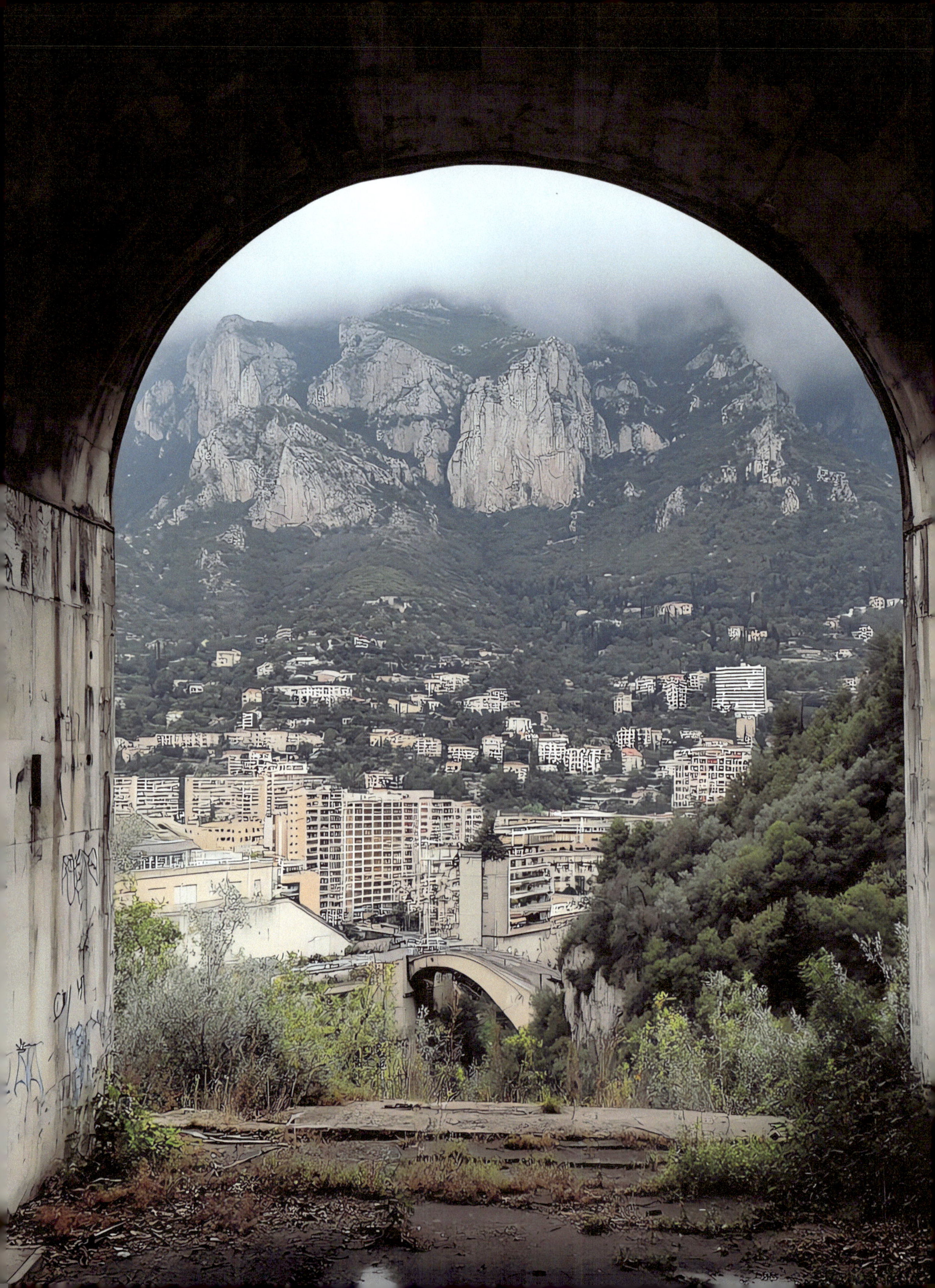

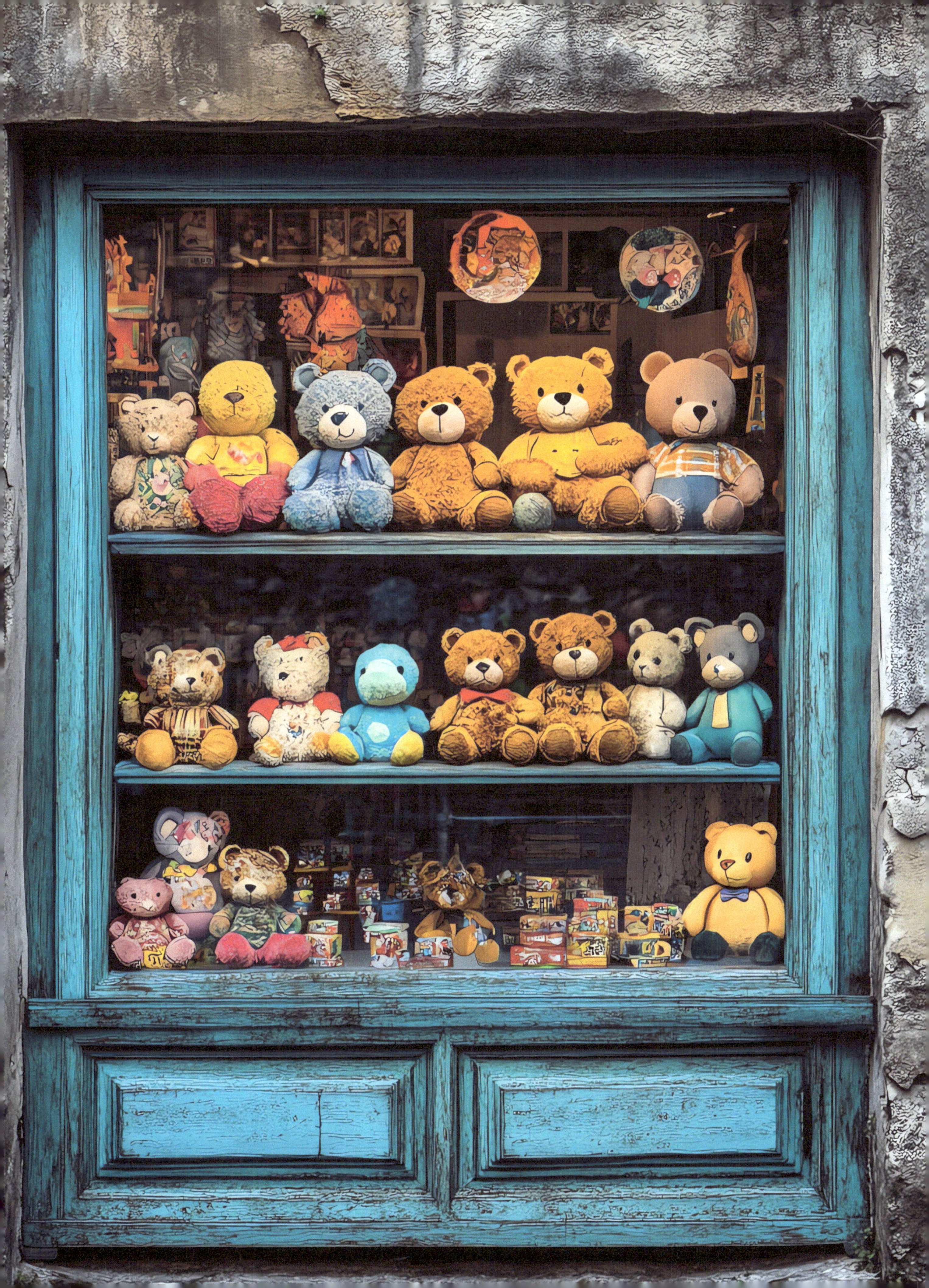

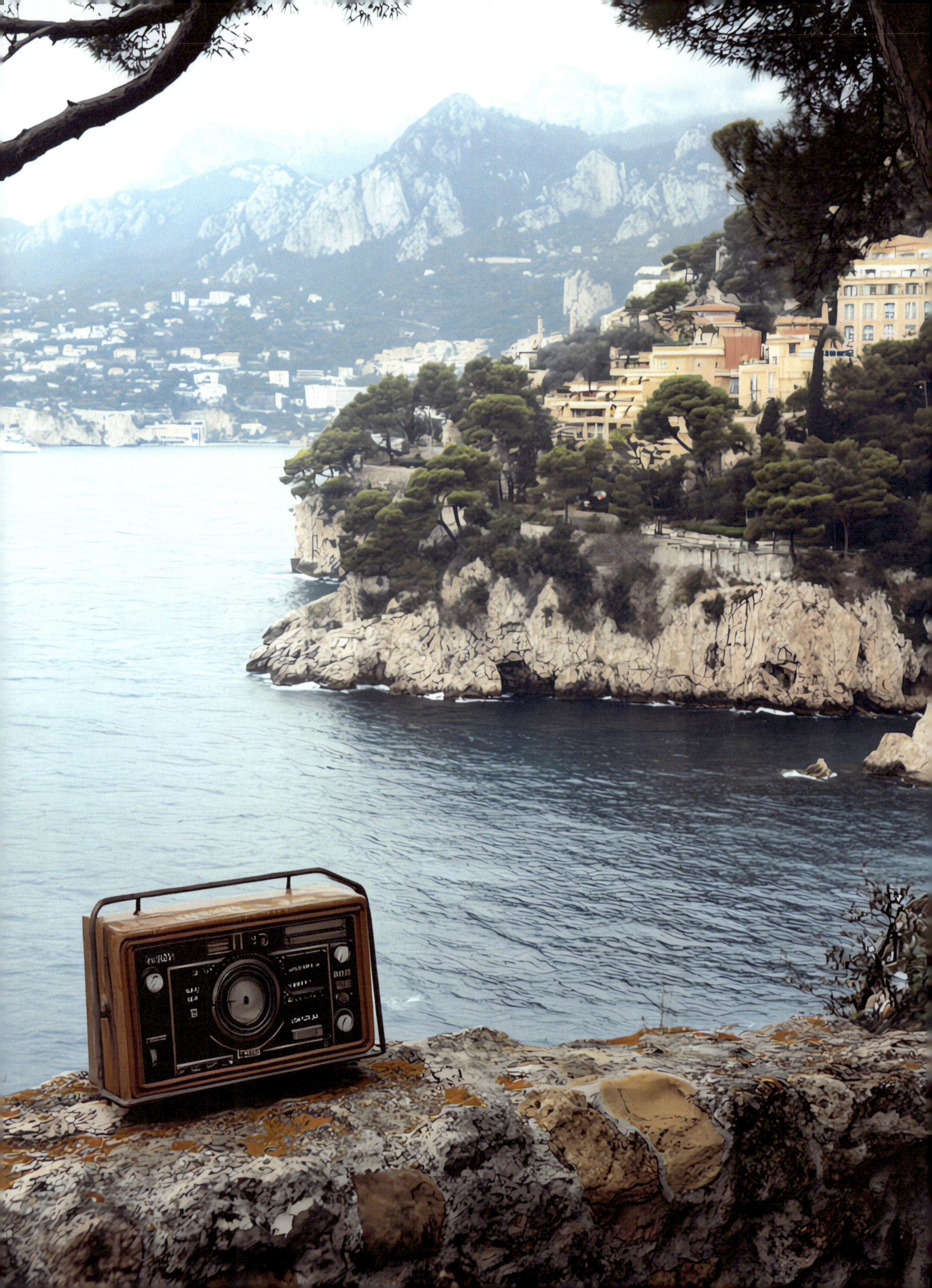

www.ingramcontent.com/pod-product-compliance
Lightning Source LLC
Chambersburg PA
CBHW040420220526
45473CB00004B/1301
* 9 7 9 8 3 0 3 3 4 0 0 5 3 *